A student's academic performance and
Quality Assurance of higher education

学生の学力と
高等教育の質保証

I

山内 乾史 編著

学 文 社

執筆者一覧

米谷	淳	神戸大学大学教育推進機構／大学院国際文化学研究科教授（第1章）
＊山内	乾史	神戸大学大学教育推進機構／大学院国際協力研究科教授（はじめに，第2章）
原	清治	佛教大学教育学部教授（第3章）
浅田	瞳	佛教大学非常勤講師（第3章）
大多和直樹		帝京大学文学部教育学科専任講師（第4章）
髙橋	一夫	常磐会短期大学幼児教育科専任講師（第5章）
武	寛子	神戸大学大学院国際協力研究科学術推進研究員（第6章）
田中	伸幸	神戸大学大学院国際協力研究科博士後期課程修了（第7章）
邵	婧怡	神戸大学大学院国際協力研究科博士後期課程院生（第8章）

（＊編著者）

はじめに

　本書は，編者が研究代表者となり，文部科学省科学研究費補助金の助成を受けて行ってきた基盤研究(c)（平成22年度～平成24年度）「学力と就労の関係性に関する実証的研究―『相対的な学力』の概念を鍵にして―」（課題番号22530917）の第一段階でのまとめである。第二段階（最終段階）のまとめは平成24年度末に公刊する予定である。なお，この基盤研究の研究分担者としては原教授，米谷教授のお二人が名を連ねている。しかし他のメンバーもさまざまな形で関わりの深い仲間である。

　この基盤研究(c)の課題には「学力」と「就労」という2つのキーワードがあり，本書では主として大学生の学力および高等教育の質保証に重点を置いて検討した論稿を集録した。平成24年度末に公刊する続編も同様である。就労については，これまでに，われわれ研究代表者並びに共同研究者はいくつかの著作を公刊してきた。山内乾史編『教育から職業へのトランジション―若者の就労と進路職業選択の教育社会学―』（東信堂 2008），山内乾史・原清治編『学歴と就労の比較教育社会学―教育から職業へのトランジションⅡ―』（学文社 2010）はその一端である。そういった就労に関わる研究を踏まえて本書および続編の学力研究があるということをご理解いただきたい。

　そもそも大学生にとって学力とは何か。これまで大学に入るま

に身につけるべき学力が論じられることはあっても，大学に入ってから身につけるべき学力についてはあまり論じられてこなかった。大学は新たに学力を身につける場ではなく学問をする場というわけである。しかしここ数年，リメディアル教育，初年次教育，導入教育など，大学入学後に身につけるべき学力やスキルの内容を明示し展開される試みが多くの大学でみられる。この新たな，大学生の学力をめぐる状況は，今全体としてどのようになっているのか，そしてどのような教育の試みが展開されているのか，今後どうなっていくのかについて考えてみようというのが科学研究費補助金による研究課題のねらいであった。

　本書の第1章から第5章は主として日本の大学生，短大生の学習状況と学力について，第6章から第8章は主として海外の高等教育の質保証システムについて論じたものである。

　各章を簡潔に紹介しておきたい。第1章では米谷淳が現代の大学生における学力の多様化について議論している。学力の多様化とは，ゆとり教育の時代にもたらされたいわゆる「学力低下」とは異なるもうひとつの副産物で「履修経歴の多様化」である。いわば垂直方向の学力の多様化とは別の，水平方向の学力の多様化である。現在少子化が進む一方で，大学数は増加し，各大学内の学部数，学科数等も拡大し，ひとつの大学，あるいはひとつの学部が受け入れる学生の学力基盤は，従前と比べて多様化するのは必至である。現在高校の教科数は多様化し，選択の幅も拡大している。さらに英語コース，理数コース，特進コースなどが公立高校などでも設けられ，これらのコースでは独特の教科を教えている。大学・学部の種別を問わず，履修経歴が多様化しているのである。しかも，その多様な基

盤を入試で整えることは，入試自体の多様化により困難になっている。この問題を考察する基盤となるデータを米谷および編者の本務校のデータをもとに考察したのが第1章である。第2章では編者がJGSS-2009LCSのデータをもとに，高等教育進学に当たって学力が規定要因としてどれほどの重みをもつのかを改めて検討した。「大学全入時代」などと呼ばれ，経済的要件さえ満たせば，あたかも学力とは無関係に進学できるかのような言説が飛び交っている。しかし，個別にそういうケースがあるのは事実としても，全体としてはどうなのであろうか。学力の規定力は経済力その他と比べてどのように評価されるべきなのであろうか。第2章はそれを検討したものである。いわば第1章と対を成す，学力の垂直方向の多様化の検討である。

　第3章では原清治が本研究課題の副題にもある「相対的な学力」の概念を鍵にして「学力移動」について検討している。日本でこれまで議論されてきた学力論は，全国学力・学習状況調査等の同世代全体の中での位置づけ（絶対的な学力）に集中し，特定の学校，特定の学級内での相対的な学力をめぐる議論は管見に入る限り僅少である。しかし，たとえば同じ（絶対的な）学力でも，上位校で下位に位置するのと中位校で上位に位置するのとでは本人の自尊感情も異なり進路決定も異なる可能性がある。こういった問題はこれまで従来の学力論においては十分に検討されなかった。原の論稿は，もちろん，今後改善すべき課題を多く残してはいるが，この問題に先駆的に取り組んだものとして評価していただければ幸いである。第4章では大多和直樹が本務校の『学生生活実態調査』をもとに，学生の学習・授業への取り組みについて詳細に分析している。現代の

大衆化した大学においては，学力を論じるにせよ，何を論じるにせよ，ひとくくりにして語ることは難しく，個別の詳細なケーススタディを積み重ねる必要がある。第4章で取り扱われたのは首都圏中堅私大の典型的な事例といえよう。第5章では，高橋一夫が短期大学の入試状況と学生の特性，学習観を分析している。短期大学は相次いで4年制大学に昇格し，短大数，短大生数は大きく減少し続けている。そして短大にとどまっている機関では4割近くが定員割れしている。この状況を受けて短大はここ数年で学科構成等において大きく変貌し，その結果学生の学習観も変化し続けている。この点を高橋が概観してまとめたのが第5章である。

　第6章では武寛子がスウェーデンの大学質保証制度を検討している。武の述べるとおり，ヨーロッパではラーニング・アウトカムズを重視した高等教育の改革が進められており，スウェーデンにおいても「ヨーロッパ高等教育資格枠組」に基づいて，高等教育の各段階の教育が再構築されている。スウェーデンはひとつには高進学率で，ひとつには学生の平均年齢が高いことでよく知られているが，北欧の教育が盛んに取り上げられる割には北欧の高等教育で今，何が起きているのかについての研究は僅少である。武はここ20年ほどの質保証と評価をめぐるスウェーデン高等教育の質保証制度の変遷を簡潔にまとめている。第7章では田中伸幸がエジプトの大学における学生の学力を分析している。途上国の教育に関する研究は，初等・中等教育に偏る傾向が今なお見られ，高等教育の研究は僅少である。しかし，国家の発展戦略との関係でも，社会的正義の実現という観点からも高等教育の充実は途上国における重要な課題になろう。田中はエジプトの教育政策全般および学力をめぐる議論を概

観し，大学教育での学力に関わる問題をまとめている。第8章では邵婧怡が中国における高等教育の質保証制度について検討している。中国は日本以上に急激な高等教育の拡大を経験している国で，今なお急速に拡大し続けている。当然，さまざまな混乱が生まれるわけであり，その混乱へのひとつの対策として質保証の制度を構築することになるのは他国と同様である。ただ自由主義国家では第三者評価を重視するのと対照的に，中国では社会主義国家として国家・政府の意思がその質保証制度に色濃く反映されている。この質保証制度が今後のさらなる拡大に向けてどのような課題をもち，どのように変わっていこうとしているのかを邵は検討している。

　以上，本書を簡単に概観したが，われわれの研究はまだはじまったばかりであり，さらに議論を深めるとともに収斂させていかねばならない。今回本書に収められた8章は些かまとまりを欠く面もあるが，この点については続刊においてきっちりと総括することとしたい。なお，本書には論稿を寄せられなかったが，乾美紀（兵庫県立大学客員研究員），加藤善子（信州大学高等教育研究センター准教授）両氏もメンバーであり，続編には論稿を寄せていただけることになっている。

　最後に，いつもながら出版を快く引き受けてくださった学文社の田中千津子社長に感謝したい。

平成24年3月31日
神戸大学鶴甲キャンパスの研究室にて

山内　乾史

目　　次

はじめに　*i*

第1章　学生は高校までに何を教わり何を教わらずに大学生となるのか
　　―大学における学びの前提条件と高大接続について―……………*1*

1. はじめに　*1*
2. 調　　査　*3*
3. 討　　議　*13*
4. おわりに　*19*

第2章　高等教育就学の規定要因に関する考察
　　―JGSS2009-LCS データに基づく「全入仮説」と「タレント・ロス仮説」の検証―……………………………………………*22*

1. 問題意識　*22*
2. サンプル全体に関する予備分析　*24*
3. 中学成績下位層の分析　*32*
4. 中学成績上位層の分析　*38*
5. ロジスティック回帰分析の結果と結論　*43*

第3章　個人に焦点をあてた「学力移動」論への展開 ……………*47*

1. 個人に焦点をあてた相対的な学力研究とは　*47*
2. 「学力移動」について　*49*

3. 「学力移動」は子どもたちにどのような影響をもたらしているのか　52
4. 学力という地平に立ったソフトな議論　56
5. 「学力移動」を学力研究の新たなフレームに　65
6. いつの時代の，誰の「学力」を計測しなければならないのか　68

第4章　現代の大学生の授業観・私語・学習成果
―旧世代新任教員の経験と質問紙調査との照らし合わせを通じて―　72

1. はじめに　72
2. 新任教員としての一年　76
3. 「学生生活実態調査」データを照らし合わせる　82
4. 分析結果　87
5. 結　語　100

第5章　短期大学の現状と学生の実態
―短期大学生の資質とその志向―　106

1. はじめに　106
2. 調査データからみる短期大学の現状　107
3. 短期大学生の実態　117
4. 学力以外にみる短期大学生の特徴と，短期大学に求められる姿勢　129
5. 結　び　133

第6章　スウェーデンの大学における学力政策
　　　―ラーニング・アウトカムズを重視した大学教育の質保証― ……… *136*

1．はじめに　*136*
2．スウェーデンの高等教育の歴史的背景　*139*
3．スウェーデンにおけるラーニング・アウトカムズ導入の背景　*146*
4．高等教育財政　*153*
5．おわりに
　　―スウェーデンにおけるラーニング・アウトカムズを重視した
　　学力政策の展望と課題―　*159*

第7章　エジプトにおける大学生の学力 ……………………………… *166*

1．はじめに　*166*
2．エジプトの教育制度の概要　*167*
3．エジプトにおける教育と国家戦略・政策・教育改革　*169*
4．エジプトの学力の実際と学力を取り巻く議論　*179*
5．おわりに　*188*

第8章　現代中国大学の質保証制度
　　　―「普通高等教育学校本科教育レベル評価」を中心に― ………… *195*

1．はじめに　*195*
2．改革開放以降中国の高等教育改革　*196*
3．普通高等教育学校本科教育レベル評価　*204*
4．おわりに　*214*

学生は高校までに何を教わり
何を教わらずに大学生となるのか
―― 大学における学びの前提条件と
高大接続について――

米谷　淳

1．はじめに

　FDは「ファカルティ・ディベロップメント」の略であり，講演会，講習会，授業参観，模擬授業などの研修の類から学生授業評価のフィードバックまでにわたる，いわゆる教育の質向上にかかわる組織的な取り組みのことである。今どきの大学教員でこのことを知らない者は少なくとも日本にはいないのではなかろうか。

　FDは法律ですべての大学に義務付けられ[1]，FD講演会，授業参観，学生授業評価はほとんどの部局で慣例行事となっている。FDにおいて国内外の大学教育改革の動向，授業の内容・方法，新しい教育メディア・教授学習支援システムといったテーマは講演・講習でよく扱われる一方，学生に関する事柄はあまり扱われていないように思われる。

　筆者は，15年以上もFDの企画・実施に携わってきており，いろいろな大学のFDを見学したり調査したりしてきたが，本章のテーマとして掲げた「学生は高校までに何を教わり何を教わらずに大

学生となるのか」を取り上げたものは皆無に近い。唯一，次に紹介する事例のみといってもよい。

　滋賀県立大学では「授業の基本」と題する新任教員研修，すなわち新任教員向け講習会が倉茂教授らにより開催されている[2]。数年前に筆者が参加した時には全6回のシリーズになっていた。教員が授業に臨む際の心得から，授業中にすべきこと，してはならないことまで微に入り細にわたり懇切丁寧に説明・指導がなされた。まるで小・中学校教員をめざす学生の教育実習のようであり，塾や予備校で教えた経験のない新米大学教員にとって，授業の基礎基本が習得できる場となっていた。

　そのある回で倉茂教授は板書の仕方に触れ，筆者にとって「目からうろこ」の話をした。現在，中学英語で筆記体を教えていないので，講義中に筆記体で板書すると学生は文字が読めなかったり読み間違えたりするという。とくに，h と k，n と s の区別ができない学生が多いので，できるだけブロック体で板書すべきであるという。

　調べてみると1980年代から中学英語の「学習指導要領において筆記体が必須でなくなっ」[3]ており，その後，「指導してもよい，という言い回しになった」[3]ものの，「そのせいで近年では，筆記体を読めないし書けないという若者が多くなっている」[4]とある。私のように中学1年の時にアルファベットを筆記体で素早くきれいに書けるようになりたくて毎日何十回も「スペリング」の練習をした経験のある年代の人間にとっては「寝耳に水」の話である。

　これに関連して，FDに関する研究会で，ある数学教員が，多くの学生が授業評価アンケートで「先生は学生が高校でどこまで教わっているかをちゃんと知っておいてほしい」，「高校で習っていない

事項を前提に授業をするのはやめてほしい」という要望・不満を訴えているという話をしたことを思い出す。

　学生が自分の担当する授業科目に関してどれだけの予備知識をもち，基礎学力をもっているのか，あるいは，どういう事項についてはほとんどの学生が知らないことを前提に授業をすべきかを知っておくことは，授業の計画・準備・実施においてきわめて重要である。それを知らずに授業に出て，教え始めてから気づくようでは手遅れとなることが少なくない。本章では，まず，学生が高校でどんな科目を履修し，どんな科目を受験勉強しているかについて調査結果[5]をもとに考察する。そして，討議では大学における学びの前提条件と高大連携について議論してみたい。

2．調　　査[5]

2.1　目　　的

　2010（平成22）年4月に神戸大学の11学部はあわせて2807人[6]，[7]の新入生を受け入れた。158人の3年次編入生と5人の医学科2年次編入生を除く2644人が新たに1年次生となった。大学教育推進機構では，全学共通教育[8]を中心とする学士課程教育プログラム改革・改善作業の一環として，新入生がどのような科目を高校で履修し，神戸大学受験に際してどのような科目を選択したか調査することにした[9]。

　本章ではその調査結果をもとに，全体で，あるいは学部別・学科別にみて，どのような特徴があるかを考察してみる。

2.2 方　　法
(1) 調査対象

2010（平成22）年4月に新たに神戸大学の1年次生となった2807人を調査対象とした。

(2) 質問項目

質問項目は，入学試験形態と所属学部を選択させる2つの項目と，高校で教科となっている科目について高校で履修したか，受験勉強したか，受験科目としたかを答えさせる67項目の合計69あった。高校での履修科目の候補としては「その他」を除き，数学9科目，国語7科目，英語13科目，他の外国語4科目，理科15科目，社会9科目，情報3科目の60科目をリストにした。

(3) 手続き

2010（平成22）年4月6日の入学式直後に数回実施された新入生ガイダンスで質問紙を配布して回答を記入してもらい，ガイダンス終了時に回収箱に入れてもらった。調査は無記名で行った。

2.3 結果・考察
(1) 有効回答者数・有効回答率

有効回答者数と有効回答率を入試形態別，学部別に集計したものを，それぞれ表1-1，表1-2に示す。全体の有効回答者数は1527人であり，これを入学者数2807人で割って求めた有効回答率は54.4％である。新入生ガイダンスはすべての新入生が出席することになっていたが，必ずしも欠席者がいなかったわけでなく，当日の出席

者全員に質問紙を配布し,ガイダンス終了時に提出を求めたが,すべての出席者が提出したわけでもない。出席率が7割で,出席者の8割程度が提出したとすると有効回答率は56％となる。実際の出

表1-1　入試形態別有効回答率

入試形態	入学者数	有効回答者数（人）	有効回答率（％）
一般・前期	1899	1109	58.4
一般・後期	586	326	55.6
編入	186	3	1.6
その他	136	85	62.5
無回答	0	4	
全体	2807	1527	54.4

表1-2　学部別有効回答率

学部	入学者数	有効回答者（人）	有効回答率（％）
文	121	83	68.6
国際文化	147	91	61.9
発達科学	299	192	64.2
法	206	117	56.8
経済	294	172	58.5
経営	287	142	49.5
理	184	109	59.2
医（医）	114	43	37.7
医（保健）	178	104	58.4
工	585	292	49.9
農	178	108	60.7
海事科学	214	74	34.6
全体	2807	1527	54.4

席率も提出率も厳密に調べたわけでないが、その程度であったものと推測される。

表1-1に示すように入試形態別にみると一般入試は前期、後期とも有効回答率が6割弱であり、「その他」がそれらよりやや割合が高く、編入はほとんどいない[10]。表1-2に示すように、学部別にみると、文学部、発達科学部、国際文化学部、保健学科が有効回答率が6割を上回っている一方、海事科学部と医学科は4割に満たない。

(2) 高校で履修し受験に用いた科目

有効回答者1527人全員のうち、多くの学生が高校で履修し受験に用いた科目は何だろうか。これを教科ごとにみてみよう。表1-3に示すように、数学、英語、国語の主要科目、すなわち、数学Ⅰ、数学A、数学B、数学Ⅱ、英語リーディング、英語ライティング、英語Ⅰ、英語Ⅱ、現代文、古典が上位に来ており、それらは8割以上が高校で履修し受験に用いている。その次に化学Ⅰ・Ⅱ、数学C、数学Ⅲ、生物Ⅰ、物理Ⅰ・Ⅱ、すなわち、理系受験科目が来ており、これらの割合は3〜5割台となっている。これは、神戸大学の理系学部の入学者数が全体の5割強であることを反映した数値となっている。その他、英語オーラルコミュニケーションⅠ、国語総合、地理Bが3割以上の学生に選ばれている。入試形態別にみると、一般・前期に比べ一般・後期の方が化学Ⅰ・Ⅱ、生物Ⅱの選択率がやや低く、地理Bの選択率がやや高い。入試形態が「その他」は、一般入試より上位20位までの科目の選択率がどれも低い。

(3) 高校で履修し受験に用いた理科の科目

今述べたように神戸大学に入学してくる学生は文系・理系学部のどちらについても数学,英語,国語の主要科目を高校で履修し受験に用いている。数学Cや数学Ⅲについては志望する学部・学科が

表1-3 多くの学生が高校で履修し受験に用いた科目(上位20位)

順位	科目名	一般前	一般後	その他	編入	無回答	合計	%
1	数学Ⅰ	1074	307	83	2	4	1470	96.3
2	数学A	1072	307	83	2	4	1468	96.1
3	数学B	1071	304	83	2	4	1464	95.9
4	数学Ⅱ	1068	306	83	2	4	1463	95.8
5	(英語)リーディング	958	276	76	2	3	1315	86.1
6	現代文	943	284	78	1	4	1310	85.8
7	(英語)ライティング	953	274	74	2	3	1306	85.5
8	古典	941	280	79	1	4	1305	85.5
9	英語Ⅱ	909	265	70	2	3	1249	81.8
10	英語Ⅰ	908	264	68	2	3	1245	81.5
11	化学Ⅰ	618	165	42	1	2	828	54.2
12	化学Ⅱ	544	136	24		2	706	46.2
13	数学C	519	156	23	1	2	701	45.9
14	数学Ⅲ	516	155	24	1	2	698	45.7
15	国語総合	467	163	39	2	3	674	44.1
16	生物Ⅰ	487	124	46		1	658	43.1
17	(英語)オーラルコミュニケーションⅠ	443	147	35			625	40.9
18	物理Ⅰ	428	133	23	1	2	587	38.4
19	物理Ⅱ	397	115	17	1	2	532	34.8
20	地理B	329	120	20	1		470	30.8

文系か理系かによって割合が異なるのは言うまでもないことであり，文学部，国際文化学部，法学部，経済学部の回答者でそれを選んだ者の数は高々3人である。発達科学部は人間形成，人間表現は各2人，人間行動はそれぞれ4人と5人である一方，理系の人間環境はどちらも60人中32人が選んでいる。理系学部では保健学科を除きほとんど100％に近いが，本学の理系学部・学科の受験にそれらが必須なので当然といえる。

これに対し，高校の理科についてどのような科目を履修し受験に用いたかをみてみることは意味がある。学部や学科にとって主領域といえる科目でも高校で履修していない学生が少なくなく，そのため理系学部生向けの理系共通専門基礎科目に既修者向けクラスと未修者向けクラスが併設されており，どの程度の学生が未修かを知っておくことが必要と考えられるからである。表1-4～表1-8は，高

表1-4　高校で履修し受験に用いた理科の科目（人文系学部）

（単位：％）

科目名	文	国文	発達科学				全体
			人間形成	人間行動	人間表現	人間環境*	
物理Ⅰ	2.4	0.0	10.1	35.9	12.5	31.7	38.4
物理Ⅱ	0.0	0.0	5.8	25.6	8.3	30.0	34.8
化学Ⅰ	7.2	14.3	27.5	48.7	12.5	58.3	54.2
化学Ⅱ	0.0	0.0	15.9	28.2	8.3	50.0	46.2
生物Ⅰ	66.3	59.3	66.7	33.3	66.7	46.7	43.1
生物Ⅱ	1.2	1.1	11.6	5.1	8.3	20.0	12.4
地学Ⅰ	16.9	15.4	8.7	17.9	0.0	5.0	6.4
地学Ⅱ	0.0	2.2	0.0	2.6	0.0	0.0	0.7
N	83	91	69	39	24	60	1527

* 理系

校の理科について学部・学科・コースごとに履修者（受験者）数をまとめたものである。

表1-4が示すように，文学部，国際文化学部，および，発達科学部の人間形成，人間表現は生物Ⅰの割合が6割以上あり他の理科の科目より目立って高い。発達科学部の人間行動は化学Ⅰの割合が他の科目より高く5割近くあり，人間環境は化学Ⅰと化学Ⅱがともに5割以上ある他，生物Ⅰも4割以上あり，環境に関連する科目への関心の高さを物語っている。表1-5が示すように，社会系学部は3学部とも生物Ⅰの割合が最も高く5割以上ある。

表1-6，表1-7が示すように，理学部，医学部，工学部はどの学科も選択傾向が同じとはいえないが，概ね各学科の特徴を反映しているといえる。たとえば，理学部の化学科は化学Ⅰ，化学Ⅱの割合が他の科目より目立って高い。もちろん例外もある。たとえば，理学部地球惑星学科で地学の割合が5％に満たない。保健学科を除き，

表1-5　高校で履修し受験に用いた理科の科目（社会系学部）
（単位：％）

科目名	法	経済	経営
物理Ⅰ	6.0	5.8	14.1
物理Ⅱ	0.9	0.6	4.9
化学Ⅰ	11.1	16.3	20.4
化学Ⅱ	1.7	1.7	4.9
生物Ⅰ	68.4	59.3	51.4
生物Ⅱ	0.9	1.2	5.6
地学Ⅰ	10.3	9.3	14.8
地学Ⅱ	0.0	2.9	0.7
N	117	172	142

表 1-6　高校で履修し受験に用いた理科の科目（理学部，医学部）

(単位：%)

科目名	理					医	
	数	物理	化学	生物	地球惑星	医学	保健
物理Ⅰ	81.0	88.5	65.2	0.0	75.0	72.1	30.8
物理Ⅱ	81.0	88.5	65.2	0.0	75.0	65.1	20.2
化学Ⅰ	95.2	88.5	91.3	86.7	91.7	93.0	77.9
化学Ⅱ	95.2	88.5	91.3	80.0	91.7	90.7	64.4
生物Ⅰ	19.0	3.8	30.4	86.7	16.7	53.5	51.0
生物Ⅱ	14.3	0.0	26.1	80.0	12.5	30.2	39.4
地学Ⅰ	4.8	0.0	0.0	0.0	4.2	0.0	0.0
地学Ⅱ	0.0	0.0	0.0	0.0	4.2	0.0	0.0
N	21	26	23	15	24	43	104

表 1-7　高校で履修し受験に用いた理科の科目（工学部）

(単位：%)

科目名	工					
	建築	市民工学	電気電子	機械工学	応用化学	情報知能
物理Ⅰ	100.0	88.5	90.7	98.3	90.4	93.0
物理Ⅱ	100.0	92.3	92.6	98.3	90.4	89.5
化学Ⅰ	100.0	96.2	92.6	98.3	90.4	93.0
化学Ⅱ	100.0	96.2	92.6	98.3	90.4	87.7
生物Ⅰ	9.1	3.8	1.9	1.7	3.8	3.5
生物Ⅱ	0.0	3.8	0.0	0.0	1.9	0.0
地学Ⅰ	0.0	3.8	0.0	0.0	0.0	0.0
地学Ⅱ	0.0	0.0	0.0	0.0	0.0	0.0
N	44	26	54	60	52	57

全体的に物理と化学の割合が極めて高い傾向がある。

　表1-8が示すように，海事科学部については物理と化学の割合が高いが，農学部はそうなっていない。農学部はどの学科も化学の割合が極めて高いが，物理の割合が低く4割に満たず，生物の割合の方が物理より高い。これらは海事科学部，農学部それぞれの特徴が反映していると考えられる。

表1-8　高校で履修し受験に用いた理科の科目（農学部，海事科学部）

(単位：%)

科目名	農				海事科学		
	生産環境	食料環境	生命資源	生命機能	海事技術	海洋	マリン
物理Ⅰ	33.3	28.6	24.3	19.6	82.6	100.0	94.9
物理Ⅱ	38.9	28.6	24.3	19.6	73.9	100.0	92.3
化学Ⅰ	88.9	100.0	89.2	91.3	82.6	100.0	92.3
化学Ⅱ	83.3	85.7	89.2	91.3	73.9	100.0	92.3
生物Ⅰ	50.0	71.4	62.2	78.3	0.0	0.0	5.1
生物Ⅱ	50.0	71.4	59.5	76.1	0.0	8.3	0.0
地学Ⅰ	0.0	0.0	0.0	2.2	0.0	0.0	0.0
地学Ⅱ	0.0	0.0	0.0	2.2	0.0	0.0	0.0
N	18	7	37	46	23	12	39

表1-9　多くの学生が受験勉強をした科目（上位5位）

科目名	一般前期	一般後期	その他	編入	無回答	合計	%
小論文	148	81	16	1	1	247	16.2
古典	76	33	8			117	7.7
現代文	75	33	7			115	7.5
地理B	55	28	2			85	5.6
倫理	54	26	3			83	5.4

(4) 受験勉強した科目

　次に，多くの学生が受験勉強をした科目をみてみよう。表1-9に示すように，小論文，古典，現代文，地理B，倫理が上位5位である。しかし，第1位の小論文が選択率16％である他は，すべて選択率は1割に満たない。学生が高校での授業とは別に，受験のために勉強した科目は，小論文を除けばあまりないといってもよいだろう。

(5) まとめ

　2010（平成22）年4月に本学に入学した新入生を対象に，高校でどのような科目を履修し，受験勉強し，本学の受験の際に選択したかを質問紙法により調べた。その結果，次のことがわかった。すなわち，数学，英語，国語の主要教科の選択率が極めて高いこと，理系学部生については数学C，数学Ⅲや物理，化学などの理系受験科目の選択率が高いこと，高校で履修し受験に用いた理科の科目としては人文系学部は概ね生物Ⅰが比較的よく選ばれ，理学部，医学部では物理と化学の選択率が高い学科（数学科，物理学科，化学科，医学科）がある一方，化学と生物の選択率が比較的高い学科（生物学科，保健学科）があること。工学部と海事科学部はどの学科も物理と化学の選択率が極めて高く，農学部は化学の次に生物の割合が高い。これらは学部・学科の特徴を概ね反映していると考えられる。また，受験勉強をした科目としては小論文が2割に満たないが，割合が他の科目と比べて目立って高い。

　こうした傾向は従来の受験傾向とそれほど大きな違いはないように思われるが，定期的に調べることにより，長期的な変動傾向を探

っていくことも必要であろう。今後とも学生の立場に立った適切なカリキュラム設計をしていくために，こうした調査を継続していくべきと考える。

3. 討　議

3.1　大学教員が高校までの教育に関心を払う必要がある理由

　なぜ大学教員は高校までに学生がどのような教育を受けてきたかに関心をもち，それを知ろうと努めなければならないのだろうか。以下に，その理由を社会構成主義的授業観，対人コミュニケーション，教授設計理論の3つの観点から順に説明してみる。

　大学でも授業はもはや教え込み（teaching）ではなくなった。授業は教授・学習過程であるといわれるが，最近は学習によりウェイトが置かれるようになっており，学生の学習を支援する機会としての性格が強調されている。授業は，学生が学び成長・発達する場であると同時にそこで教員も学び成長・発達する。こうした相互啓発，相互成長を主張する社会構成主義的授業観は，10年前にはFDで筆者がよく説明した事項であるが，今では多くの教員がそうした見方をしており，改めて強調する必要がなくなった。

　次に対人コミュニケーションの観点から説明する。授業は大学でも小中高でも教師と学生・生徒，学生・生徒どうしのコミュニケーションであり，一方的な知識伝達の場でもなければ，教師のパフォーマンス（プレゼンテーション，メディア活用など）を学生・生徒が黙ってかしこまって視聴・鑑賞する場でもない。対人コミュニケーションの観点からいえば，コミュニケーションする者どうしが互

いをよりよく知るにつれてコミュニケーションがよりスムーズになり，誤解やディスコミュニケーションも少なくなる。こうした意味で，教師も学生も互いを知れば知るほど授業はよりうまくいくと考えられる。したがって，授業で教員と学生の間で望ましい対人相互作用が生じるためには，教員が学生のことをよりよく知ることが大切である。したがって，高校までに学生が何を学んできたか，また，高校までに何を学んできていないかを知ることは授業を成功させるための重要な要因のひとつである。

教授設計（Instructional Design）の理論によれば，学習の前提条件を明確に定め，前提テストにより学習する資格のない者を排除するとともに学習する必要のない者も排除することは，効果的・効率的・魅力的な学習を成立させるために不可欠である（鈴木　2002；ガニェら　2007）。学習に必要とされる予備知識や技能や経験がないか不十分である者は早晩つまずき，学習続行を断念せざるを得なくなるだろうし，学習が不要な者は動機づけができず，学習時間は忍耐を強要するだけの無意味で退屈な時間にしかならないだろう。

3.2　2006年問題

本章の冒頭に，これまでFDで学生が高校で何を履修したかがあまり問題にされてこなかったと書いたが，FDとは別な文脈で今から約10年前に筆者の所属する部署（当時は神戸大学大学教育研究センター研究部）において全学共通教育（教養教育）との関連から高校教育が検討されたことがある。それは1980年代から2000年代初頭にかけて文部科学省が進めた小中高における「ゆとり教育」[11]への大学側の反応として持ち上がったカリキュラム再編（検討）問題と

いえる。当時，これは大学関係者の間では「2006年問題」[12]と呼ばれていた。とくに問題となったのが，高校で学生が履修する理数系科目の学習内容の削減と水準の低下である[13]。

　私が所属していた全学共通教育実施組織（大学教育研究センター）でも，2006年の2・3年前から「2006年問題」についての検討を開始し，理数系の授業を担当する教科集団で未修者・既修者のそれぞれに対応した授業科目の開設をしたり，授業の内容・方法の改善をしたりした。他の大学では高校や予備校で高校の授業を担当していた教員を非常勤講師としてリメディアル（リカレント）教育を実施したり，教育産業からeラーニング教材を購入して学生の学習支援をしたりしたところもあったが，神戸大学ではそうした対応はしなかったし，する必要もなかった。それは多分に，神戸大学が合格難易度の高い大学であり，たとえ高校で履修していない科目があっても，大学入学後に自らの努力でキャッチアップできる優秀な学生しか入学できない大学のひとつであることからくると考えられる。

3.3　大学全入時代における大学での学びの前提条件

　事実，「2006年問題」を云々する以前に，「大学全入時代」[14]といわれる今日，合格難易度の低い大学や短大はいわゆる「高等教育の大衆化」[15]に頭を悩ませており，高校で十分な学力を身につけなくとも，いや，それどころか大学に進学する確たる意思や理由がなくとも入学試験に合格し，やすやすと入学できてしまう状況で，入学生の学力と学習意欲の低下と大学教育の質保証，すなわち学習支援体制の拡充や厳格な成績管理などによる出口管理との板挟みにあえ

ぎつづけている。こうした高等教育機関では，そもそも入学試験が教授設計理論でいうところの事前テストに合格せず，高等教育を受けられるだけの学力も学習意欲もない，「無資格な」学生を受け入れざるを得ないので，質量ともに高等教育として「不十分な」成果しか出せないのもやむを得ないだろう。

　こうした学生を受け入れ，4年間で国際的に通用するような到達水準にまで引き上げる教育（あるいは学習支援）をしようとすることがそもそも無理なことである。そうしたことが教員のFDや教育システムの改革・改善によって実現できるという幻想は，高等教育の混乱を招き，やがて空洞化・形骸化を招くことになりはしないだろうか。あるいは，「高等教育」というコトバがもっていたアカデミックでエリートなイメージが失われ，大学院教育がそうしたイメージをもって認知されるようになるのだろうか。少なくとも大学が「学問の殿堂」であり，教員も学生もともに切磋琢磨して研究し，高度で専門的な知識や技術を身につける場であり続けようとするなら，それに適した学生だけを受け入れるべきである。

　近年，大学における初年次教育として，ノートのとり方から予習・復習の仕方，試験勉強やレポート・卒論作成の補助までを「学習支援」として学生にサービスする大学が増えている。確かに，私が北米大学視察の折に立ち寄ったワシントン大学にはライティングセンターと称する施設があり，予約制で専任スタッフがレポートやプレゼンテーションに関する学生サポートを行っていたし，神戸大学も昨年から英語論文作成についての予約制の個人指導を各キャンパスで定期的に行っている。しかしながら，ワシントン大学も神戸大学も決して学ぶ意欲のない，あるいは，基礎学力がないために大学の

授業についていけない学生のケアをしようとしているわけではない。高校までで身につけておくべき事項は高校までに身につけておくことを前提とした教育を提供している。

3.4 出前授業，補習授業，高大接続

しばらく前から大学の教員が高校に出向いて大学の授業を行う「出前授業」や，高校生を大学のキャンパスに招いて入門講義をしたりする取り組みが，「高大連携」プログラムとして実施されるようになっている。こうした取り組みはオープンキャンパスと同様，高校生に自分の大学を売り込むことや，高い学力と学習意欲をもつ高校生に大学授業を体験させることによる啓蒙・啓発をねらいとしている。しかしながら，こうしたプログラムが優秀な受験生確保にどれだけ寄与しているか，その費用対効果比はどれだけのものかといった点について検証・評価がどれだけなされているか疑問である。

また，高校や予備校の教員（とくに定年退職者）を非常勤講師として大学に招いて高校で未履修だった科目の補習をすることの必然性と効果性について本当に検討されているかも疑問である。高校卒業に必要な学力と知識があれば，高校で習っていない科目や内容を独学で習得することは可能だろう。

高校の補習教育を大学で無自覚的に行うことは危険である。大学での学びと高校までの学びは異なる。前者は学問（研究，真理の探究）であり，後者は学習（習い事，稽古事）である。その間に大きなギャップが厳然として存在する。大学生が入学後に直面する学習上の関門はそのギャップに気づき，それに対処しようと動機づけられることである。こうした初年時のイニシエーションを通過しなけ

れば，大学生は大学生となることはない。高校までの受け身的な学習態度では決して卒業までにくぐらなければならない試練に耐えられないだろう。高校の補習を大学ですることが学生へのミスリーディングとなり，そうした気づきを遅らせることになりはしないか心配である。

　高大接続は高校までの教育と大学教育との間に架け橋をかける作業ととらえるべきだろう。大学生となったなら，高校までで通用した，それなりに効率よく効果的だった学習の仕方，すなわち教員や家庭教師や塾講師や教育産業に頼り，既成の知識を効率よく習得すればよいといった学習態度を捨て去り，能動的で自立的な学習の仕方やグループでの協調学習のように問題発見型・問題解決型の学習へと切り替えていく必要がある。

　確かに小中高の総合的学習の時間に生徒はグループでの協調学習を経験するが，小中高ではそのプロセスがもっぱら重視されるのに対して，大学ではアウトプットも成績評価の対象となる。たとえば，よい結果（データ）が得られなければ，あるいは，価値のある知見が見いだせず，平凡な討議や考察しかできなければ卒論（研究）が合格とならないこともよくある。

　しかるに，そのための支援は決して学生の主体性を奪うものであってはならない。学習支援も押し付けやオーバーケアとなれば，学生が能動的で自立的な学習を習慣化するのを妨げるだろう。教員，先輩，クラスメートとキャンパス内外で交わり，かかわり，さまざまな活動を経験しながら，自らそうした切り替えが必要なことに気づき，自己変革を進めていくことが肝要であり，大学はそれに適した環境を整備し，教員はあくまでもファシリテータとして学生の自

主性を損なうことのないようにすべきである。そうしたサポートでは大学についていけない学生には，適時適切な方法で進路相談にのってやることが必要であるが，これは広い意味でのキャリア支援の問題であり，必ずしも教員が担当する必要はない。

4．おわりに

　ハーバード大学デレック・ボック教授学習センター長をしていたウィルキンソン教授が10年以上前に京都大学で講演した折に，大学教員の成長・発達段階は大きく，自信をもって教壇にたてるようになる段階，教室にある資源を適切・有効に活用できるようになる段階，学生に意識を向ける段階の3つに区分されるという話をした。確かに，新米教員は講義ノートや資料の作成と授業中のプレゼンテーション，すなわち「講義」を首尾よくすることだけで精一杯であり，学生のことまで気にかけていられないかもしれないが，少なくとも，今どきの学生が高校までにどのような学習方略を習慣化してきたかを個別的に知り，大学での学びのスタイルへの転換を見守り，必要に応じて援助することが必要ではないだろうか。

注
1）大学設置基準では，ファカルティー・ディベロップメント（FD）は「授業（又は研究指導）の内容及び方法の改善を図るための組織的な研修及び研究」と定義され，すべての大学院（2007年），大学（2008年）に義務づけられている。
2）http://www.kansai-fd.org/activities/project/report_20110429.html（2012年3月30日アクセス）を参照されたい。
3）「筆記体はいつ習うの？」http://oshiete.goo.ne.jp/qa/143594.html（2012

年 3 月 30 日アクセス）から引用。
4)「筆記体-Wikipedia」http://ja.wikipedia.org/wiki/%E7%AD%86%E8%A8%98%E4%BD%93（2012 年 3 月 30 日アクセス）から引用。
5) 本章に収めた調査結果はすでに米谷（2010）に報告がある。本章の「2. 調査」は米谷（2010）を一部修正して再掲したものである。
6) 神戸大学ホームページ（2010 年 5 月 1 日現在，学生等数） http://www.kobe-u.ac.jp/info/outline/2010/pdf/statistics-sd.pdf（2010 年 2 月 7 日アクセス）
7) 11 学部の編入生を含む入学定員は合計 2718 人である。
8) 神戸大学の全学共通教育，すなわち教養教育は 1994 年までは教養部が実施していたが，以後 1997 年までは大学教育研究センターが実施し，大学教育研究センターが改組された 1997 年以降は大学教育推進機構全学共通教育部が実施を担当している。
9) 2010（平成 22）年 4 月に実施された高校での履修状況に関する質問紙調査は，田中康秀大学教育推進機構長の指示により実施されたものであり，質問項目選定と質問紙作成にあたっては大学教育推進機構大学教育支援研究推進室の山内乾史教授が中心となった。調査実施は学務部が行い，データの集計・分析は筆者が行った。
10) 編入の有効回答者数が他の入試形態と比較して非常に少なく，有効回答率も 2 ％に満たないので，履修や受験についての入試形態別の分析の際には「一般・前期」，「一般・後期」，「その他」の 3 者間の比較だけを行うことにした。
11) http://ja.wikipedia.org/wiki（2012 年 3 月 30 日アクセス）で「ゆとり教育」を検索・参照されたい。
12) たとえば，http://www.z.k.kyoto-u.ac.jp/pdf/link/link0249.pdf（2012 年 3 月 30 日アクセス）や http: eri.netty.ne.jp/honmanote/sclstudfy/2003/0114.html（2012 年 3 月 30 日アクセス）を参照されたい。
13) http://www.z.k.kyoto-u.ac.jp/pdf/link/link0249.pdf（2012 年 3 月 30 日アクセス）を参照されたい。なお，高校で情報の授業が必修化されたことに伴う大学での情報教育へのインパクトについては他の理数系科目の反応と異なる。これについては，http://www.cmc.osaka-u.ac.jp/j/publication/for-2005/23-28.html（2012 年 3 月 30 日アクセス）を参照されたい。
14) http://ja.wikipedia.org/wiki/%E5%A4%A7%E5%AD%A6%E5%85%A8%E5%85%A5%E6%99%82%E4%BB%A3（2012 年 3 月 30 日アクセス）

15) トロウ,M.(1976)の高等教育の発展過程についてのモデルの中でいわれている高等教育における該当年齢人口の在学率が50%を超えた状態となること。

参考文献
ガニェら著,鈴木克明・岩崎信訳(2007)『インストラクショナルデザインの原理』北大路書房。
米谷淳(2010)「学生は高校でどんな科目を履修し,どんな科目で受験したか〜新入生アンケート調査報告」『大学教育研究』第19号,19-28頁。
トロウ,M.著,天野郁夫・喜多村和之訳(1976)『高学歴社会の大学―エリートからマスへ―』UP選書。
鈴木克明(2002)『教材設計マニュアル―独学を支援するために』北大路書房。

高等教育就学の規定要因に関する考察

——JGSS2009-LCS データに基づく「全入仮説」と「タレント・ロス仮説」の検証——

山内　乾史

1．問題意識

　本章の目的は，高等教育就学の規定要因を JGSS2009-LCS を基に分析することである。この古典的テーマに著者が取り組む基本的な問題意識は下記のとおりである。かつて，2008年には大学全入時代が到来するといわれていた。しかし，小林雅之（2008）の指摘にみるとおり，この「全入」という言葉は誤解を生みやすい言葉であり，大学に志願する者は誰でも無条件に入学できるかのような錯覚を与えかねない。もちろん，昨今では，授業料の高騰や奨学金をめぐる諸問題がかなり議論されるようになり，誰でも大学に志願すれば入学できるという仮説—ここではそれを「無条件全入仮説」と呼ぶ—はかつてほど唱えられなくなった。代わって今日では，経済的なくびきのために進学不可能になっている層がかなりいることが広く認識されるようになっている。「無条件全入仮説」に対比して，経済的なくびきさえなければ，誰でも大学に志願すれば入学できるという仮説を先の「無条件全入仮説」に対比して「条件付全入仮

説」と呼ぶ。

　さて，本当に経済的なくびきだけが問題なのであろうか。この点について，アメリカ合衆国でかつて興味深い研究があった。「タレント・ロス仮説」である。心理学者サミュエル S. ペング（1976）は，スプートニクショック後の1961年に全米で実施された Project Talent とやはり1972年に全米で実施された National Longitudinal Survey（NLS）を分析して，大学大衆化の波の中で学力上位の者が大学に進学しなくなっていることを指摘し，「タレント・ロス」と命名した。実際に高校時代の学力上位者の内，1961年には70％が4年制大学（フル・タイム）に進学していたのに対し，1972年には54％に激減しているのである。ペングの指摘の重要な点は，社会経済的地位各層において学力上位者の高等教育進学率が低下していることを指摘した点である。すなわち，高等教育自体の経済的・社会的効用が薄れて，従来大学に入れなかった層が入ってくる一方，最も有能な層が大学から離れ，効率性という点からみても，公正性という点からみても問題が生じているということである。また，同時期に出版されたリチャード B. フリーマン（訳書 1977）は，高等教育卒業者の賃金の低下，失業率の増大などを受けて「大学卒冬の時代」が到来したと指摘した。いわゆる「教育過剰論」である。これら一連の指摘は高等教育機関の威信の低下と有能な学生の高等教育離れを深く印象づける。つまり，大学の大衆化は教育経費の私的負担割合の増大をもたらしがちであるから，大衆化の恩恵を受けてあらたに進学可能になる裕福な学力下位の層がいる一方で，（収益率の低下等の理由で）進学を回避する学力上位の層が発生するというわけである（山内（1997）を参照のこと）。したがって，「タレント・

ロス仮説」は「条件付全入仮説」とはかなり異なる仮説である。ただし，ペングもフリーマンも4年制大学のみを対象にして議論しており，短期大学をも含めた本章とは対象が異なる。

なお，日本では近年，日本教育社会学会の機関誌『教育社会学研究』誌上において矢野眞和・濱中淳子（2006）と潮木守一（2008）が高等教育就学の規定要因をめぐり論争した。いずれもマクロデータの分析であり，矢野・濱中が経済要因の決定力を強調したのに対し，潮木は高等教育システム要因の決定力を強調した。本章はミクロデータを扱うのであり，単純な比較は不可能であるから，これら研究結果の細部を紹介する必要はないだろう。ただ重要な論点は，経済要因が重要であることはいつの時代も変わらないが，経済要因の決定力が過度に強調されると，それに回収されない要因があるのではないかという疑問が生じてくること，というところにあると考える。この点が本稿の中心的な関心のひとつでもある。

これら3つの仮説の妥当性を検討するため，本章では，学力変数，学校変数，経済変数等と高等教育就学経験との関連性を詳細に検討する。次節以降では学力変数，学校変数，経済変数と高等教育就学経験との関係を概観しておきたい。なお，ここでは，4年制大学だけではなく，短期大学をも含めた高等教育機関全体への就学経験を問題にする（専修学校は含まない）。機関別・学部別分析は行わない。

2．サンプル全体に関する予備分析

本節では学力変数，学校変数，経済変数と高等教育就学経験との関係を概観しておきたい。まず，2つの学力変数と高等教育就学経

験の関係を核にしたい。表2-1は「中学校3年生の頃の成績（以下，中学成績と略）」と「大学（短大）就学経験の有無（以下，高等教育就学経験と略）」の二重クロス表である。なお，「中学成績」に無回答の5サンプルは本章の分析から除外する。表2-1以下，本章のすべてのクロス表は行％であり，横方向に加えて100％になる。予測される通り，中学成績が高くなるにつれ高等教育就学経験のある者の比率は高くなっており，両者の間には非常に強い関係があることが理解できる。しかし，最下位グループで10％強が進学しているのに対して，最上位グループで18％強が進学していないことも注意を引く。

次に表2-2は，「高校3年生の頃の成績（以下，高校成績と略）」と高等教育就学経験の関連を分析したものである。高校では─中学成績とは事情が異なり─進学時に成績によってスクリーニングされているため，中学成績ほどはっきりした関連性は観察されない。学力上位校では成績下位グループでさえも就学する割合が高いのに対

表2-1 中学成績と高等教育就学経験のクロス表

		高等教育就学経験		合　　計
		ある	ない	
中学成績	下の方	27 (10.7)	225 (89.3)	252 (100)
	やや下の方	64 (13.2)	420 (86.8)	484 (100)
	真ん中あたり	348 (35.0)	645 (65.0)	993 (100)
	やや上の方	390 (65.3)	207 (34.7)	597 (100)
	上の方	322 (81.3)	74 (18.7)	396 (100)
合　　計		1151 (42.3)	1571 (57.7)	2722 (100)

$\chi^2 = .000$, df = 4 < .001

表2-2 高校成績と高等教育就学経験のクロス表

		高等教育就学経験		合　　計
		ある	ない	
高校成績	下の方	80 (34.5)	152 (65.5)	232 (100)
	やや下の方	154 (33.5)	306 (66.5)	460 (100)
	真ん中のあたり	404 (41.7)	565 (58.3)	969 (100)
	やや上の方	283 (55.1)	231 (44.9)	514 (100)
	上の方	227 (59.4)	155 (40.6)	382 (100)
	3年生まで在学せず	0 (0.0)	58 (100)	58 (100)
合　　計		1148 (43.9)	1467 (56.1)	2615 (100)

$\chi^2 = .000$, df = 5 < .001

し，逆に学力下位校では成績上位グループでさえも就学する割合が低くなるので，高等教育就学経験を予測する変数としては中学成績よりも劣る。なお，このことに関しては，先述の小林が分析したデータ（矢野眞和の創成科研高校生調査データ）においても中学時代の成績（自己評価）の説明力が高いとして用いられ，高校時代の成績は用いられていない。本章のデータでもこの根拠を確認できる。

むしろ，表2-3に見るとおり，高等教育就学経験の有無は，学校変数としての「高校3年生の頃の同級生の進学率（以下，高校ランクと略）」との関連の方が強い。これも中学成績とほぼ同程度の強い関連をもっている。さらに，表2-4は，経済変数としての「15歳の頃の世帯収入レベル（以下，世帯収入と略）」と高等教育就学経験の関連をみたものである。やはり，ここでもかなり強い相関が観察される。以上の検討を受けて，本章では最も時系列的に先行し，しかも高等教育就学をかなりの確度で予測させる，学力変数としての中学成績をベースにして議論していきたい。そのベースに立脚して，

表 2-3 高校ランクと高等教育就学経験のクロス表

		高等教育就学経験		合　　計
		ある	ない	
高校ランク	ほぼ全員	478 (88.4)	63 (11.6)	541 (100)
	7～8割	338 (68.0)	159 (32.0)	497 (100)
	半数くらい	167 (38.8)	263 (61.2)	430 (100)
	2～3割	117 (19.1)	495 (80.9)	612 (100)
	ほとんどいない	49 (10.5)	417 (89.5)	466 (100)
	3年生まで在学せず	0 (0.0)	58 (100)	58 (100)
合　　計		1149 (44.1)	1455 (55.9)	2604 (100)

$\chi^2 = .000$, df = 5 < .001

表 2-4 世帯収入と高等教育就学経験のクロス表

		高等教育就学経験		合　　計
		ある	ない	
世帯収入	平均よりかなり少ない	35 (21.7)	126 (78.3)	161 (100)
	平均より少ない	156 (31.5)	340 (68.5)	496 (100)
	ほぼ平均	562 (41.1)	805 (58.9)	1367 (100)
	平均より多い	349 (58.6)	247 (41.4)	596 (100)
	平均よりかなり多い	39 (57.4)	29 (42.6)	68 (100)
合　　計		1141 (42.4)	1547 (57.6)	2688 (100)

$\chi^2 = .000$, df = 4 < .001

もうひとつの学力変数として高校成績，学校変数として高校ランク，そして経済変数として世帯収入と高等教育就学経験の関連を検討する。

　さて，冒頭で述べた「無条件全入仮説」が正しいとすれば（そうではないということを小林が検証したことについては先述したが，

議論の関係上，ひとまずこう仮定する），成績が上位の者も下位の者も高等教育への就学を希望する者は，他の諸条件がどうであるかに関係なく，すべて就学できるようになるはずである。「条件付全入仮説」が正しいとすれば経済的な障害が大きくなるほど，低所得層を中心に高等教育離れが生じるはずである。「タレント・ロス仮説」が正しいとすれば，学力上位層にも経済的条件以外の理由で高等教育離れが生じるはずである。この問題を以下，JGSS2009-LCSデータに基づき検証していく。

　本章では紙幅の都合もあり，表2-1に関して，次の二点にとくに絞り込んで，分析していきたい——なお，以下中学成績においては，「下の方」と「やや下の方」とは，本章の分析対象とする高等教育就学経験がある者の実数が少ないので，この両カテゴリーをひとつにして，「下の方」とリコードする——。第一点は，中学成績が「下の方」（つまり高等教育に就学するには著しく不利）であるにもかかわらず，高等教育就学経験がある91サンプル（「下の方」の736名中91名，12.4%）は，なぜ高等教育に就学可能になったのかである。この課題を，中学成績が「下の方」で高等教育就学経験がない層と比較することによって検討する。第二点は，中学成績が「上の方」（つまり高等教育に就学するには著しく有利）であるにもかかわらず，高等教育就学経験がない74サンプル（「上の方」の18.7%）は，なぜ高等教育に就学しなかったのかである。この課題を，中学成績が「上の方」で高等教育就学経験がある層と比較することによって検討する。これら二点を分析することで「無条件全入仮説」，「条件付全入仮説」，「タレント・ロス仮説」を可能な限り検討し，現代日本の高等教育利用層の特質を把握することができるようになると同時

に，今後の高等教育利用層がどう変動するかを予想することが可能になるものと考える。

さて，ここでさらに，中学成績と高等教育就学経験の関連が特定の性やコーホートにおいて強くなったり弱くなったりしていないかどうかを検討する。表2-5は性別との三重クロス表である。男女ともに強い相関が観察される。ただし，女性よりも男性の方にやや強い相関が現れる。また，表2-6はコーホート別に見たものである。全体では41.2%→42.0%→44.2%と若いコーホートほど高等教育就学率が少しずつ高まっているが，中学成績のカテゴリー別にみるとはっきりした傾向はみられない。しかし，いずれのコーホートにおいても強い相関が観察される。以上，中学成績と高等教育就学経験とは，全体としては，特定の性別やコーホートにおいてのみ深い関

表2-5 中学成績と高等教育就学経験と性別のクロス表

性　別			高等教育就学経験		合　計
			ある	ない	
男　性	中学成績	下の方	41 (11.6)	312 (88.4)	353 (100)
		真ん中	144 (37.0)	245 (63.0)	389 (100)
		やや上	181 (71.5)	71 (28.5)	253 (100)
		上の方	165 (81.7)	37 (18.3)	202 (100)
合　計			531 (44.4)	666 (55.6)	1197 (100)
女　性	中学成績	下の方	50 (13.1)	333 (86.9)	383 (100)
		真ん中	204 (33.8)	400 (66.2)	604 (100)
		やや上	209 (60.8)	135 (39.2)	344 (100)
		上の方	157 (80.9)	37 (19.1)	194 (100)
合　計			620 (40.7)	905 (59.3)	1525 (100)

（男性）$\chi^2 = .000$, df = 3 < .001 （女性）$\chi^2 = .000$, df = 3 < .001

係にあるわけではない。以下、サンプル全体の表をもとにして分析結果を論述するが、すべての分析において性別、コーホート別の分析を行い、その結果にも言及する。

さて、さらにここで、世帯収入と中学成績、高校成績、高校ランクの関係も検討しておく。世帯収入において「平均よりかなり多い」という層はサンプル数が少ない（全体で68サンプル）ため省略する。図2-1の中学成績別と図2-3の高校ランク別においては「平均より

表2-6 中学成績と高等教育就学経験とコーホートのクロス表

コーホート			高等教育就学経験		合　　計
			ある	ない	
1966-1970	中学成績	下の方	29 (13.0)	194 (87.0)	223 (100)
		真ん中	128 (33.0)	260 (67.0)	388 (100)
		やや上	125 (57.9)	91 (42.1)	216 (100)
		上の方	118 (81.4)	27 (18.6)	145 (100)
合　　計			400 (41.2)	572 (58.8)	972 (100)
1971-1975	中学成績	下の方	31 (11.7)	235 (88.3)	266 (100)
		真ん中	118 (32.2)	249 (67.8)	367 (100)
		やや上	152 (66.1)	78 (33.9)	230 (100)
		上の方	122 (84.1)	23 (15.9)	145 (100)
合　　計			423 (42.0)	535 (58.0)	1008 (100)
1976-1980	中学成績	下の方	31 (12.6)	216 (87.4)	247 (100)
		真ん中	102 (42.9)	136 (57.1)	238 (100)
		やや上	113 (74.8)	38 (25.2)	151 (100)
		上の方	82 (77.4)	24 (22.6)	106 (100)
合　　計			328 (44.2)	414 (55.8)	742 (100)

（1966-1970年コーホート） $\chi^2 = .000$, df = 3 < .001
（1971-1975年コーホート） $\chi^2 = .000$, df = 3 < .001.
（1976-1980年コーホート） $\chi^2 = .000$, df = 3 < .001

(%)

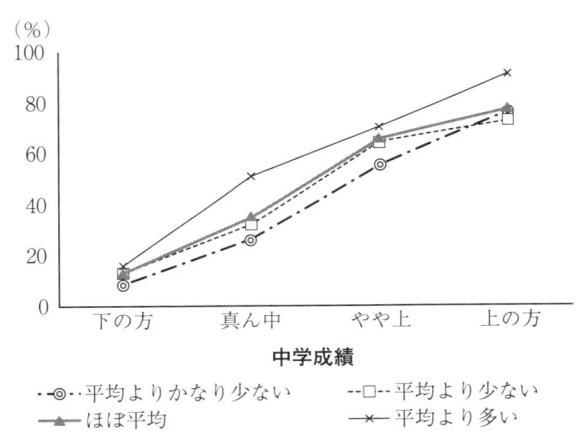

···◎··· 平均よりかなり少ない　　--□-- 平均より少ない
── ほぼ平均　　　　　　　　─×─ 平均より多い

図 2-1　世帯収入別・中学成績別の高等教育就学率

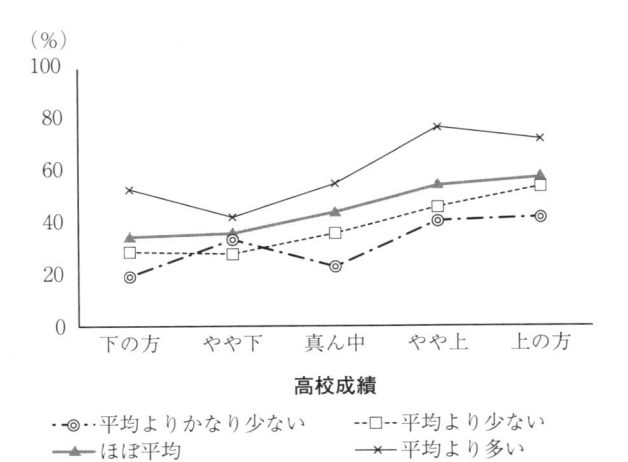

···◎··· 平均よりかなり少ない　　--□-- 平均より少ない
── ほぼ平均　　　　　　　　─×─ 平均より多い

図 2-2　世帯収入別・高校成績別の高等教育就学率

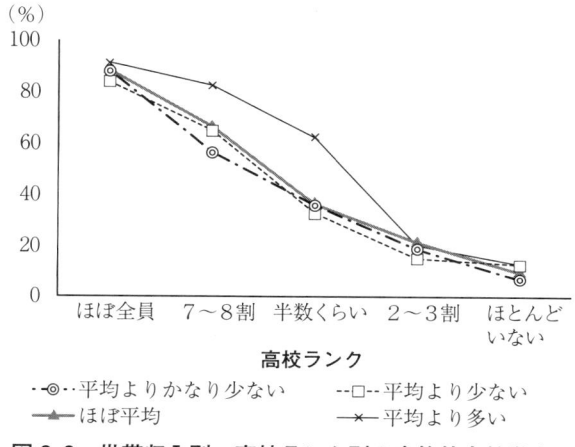

図2-3 世帯収入別・高校ランク別の高等教育就学率

やや多い」という層を除く3つの世帯収入層の間には高等教育就学率に大きな差はなく，世帯収入で統制した後も中学成績，高校ランクの影響力はかなり残っていることがわかる。図2-2の高校成績別においては，世帯収入各層の高等教育就学率の差異がはっきりしてくるが，世帯収入を統制しても高校成績独自の影響力が——中学成績・高校ランクほどではないにしても——残っている。以上のサンプル全体の構造を念頭において，以下，先述の2つの課題に取り組む。

3．中学成績下位層の分析

さて，中学成績下位層の高等教育就学に関しては，さまざまな可能性が考えられる。国立・私立六年一貫校（高校ランクでみれば上位）に行っていて，校内では学力低位だったが就学可能であったと

いう可能性がある。つまり，同一年齢人口の中での相対的な学力位置は上位だったという可能性である。また，高校に進学した際に大いに学力状況が改善されたため，就学可能になったという可能性が存在する。また，裕福な家庭の子弟が全入に近い高等教育機関に経済力を生かして就学したという議論も成り立つ。本調査データでは中学成績「下の方」の者736名のうち，91名が進学している。この91名はいかにして進学が可能になったのであろうか。まず，世帯収入と高等教育就学経験の関連について，表2-6を見ると，もともと中学成績下位のグループには，世帯収入が平均以上の者が少なく，高等教育就学経験がある者のうち29.7％，ない者のうち16.8％に過ぎない。表2-7によれば，世帯収入と高等教育就学経験の間には明瞭な相関関係が観察される。なお，性別，コーホート別に検討した結果，男性では$\chi^2=.294$，df＝4で10％水準でも有意ではない。女性では$\chi^2=.005$，df＝4＜.010であり，1％水準で有意である。コーホート別には1966-70年コーホートでは$\chi^2=.327$，df＝4で10％水準

表2-7　中学成績「下の方」　世帯収入と高等教育就学経験のクロス表

		高等教育就学経験		合　計
		ある	ない	
世帯収入	平均よりかなり少ない	4（5.0）	76（95.0）	80（100）
	平均より少ない	15（8.9）	154（91.1）	169（100）
	ほぼ平均	45（13.3）	294（86.7）	339（100）
	平均より多い	25（21.7）	90（78.3）	115（100）
	平均よりかなり多い	2（11.1）	16（88.9）	18（100）
合　計		91（12.6）	630（87.4）	721（100）

$\chi^2=.004$，df＝4＜.010

でも有意ではなく，1971-1975年コーホートでは$\chi^2=.087$，df＝4＜.100であり，10％水準で有意，1976-1980年コーホートでは$\chi^2=.129$，df＝4で10％水準でも有意ではない。

　次に，表2-8は高校成績とのクロス表である。これについても，「上の方」と「やや上の方」を合わせた数値が高等教育就学経験のある者で44.0％，ない者で20.8％と大きな差がある。性別，コーホート別に検討したところ，男性は$\chi^2=.000$，df＝5＜.001と1％水準で有意だが，女性は$\chi^2=.137$，df＝5で10％水準でも有意ではない。コーホート別には1966-70年コーホートでは$\chi^2=.005$，df＝5＜.010と1％水準で有意，1971-1975年コーホートでは$\chi^2=.026$，df＝5＜.050と5％水準で有意だが，1976-1980年コーホートでは$\chi^2=.248$，df＝5と10％水準でも有意ではない。ここで注目すべきことは，高校成績が「上の方」と「やや上の方」に上昇した者（すなわち相対的な意味での「学力移動」に成功した者）157名中117名（74.5％）が就学できていないのであり，タレント・ロス仮説が当てはまる可能性があることである。次に高校ランクに基づく検討である。表2-9によれば，顕著な差がある。半数以上の者が進学する高校で学んだ者の割合が，高等教育就学経験のある者では56.0％であるのに対し，ない者では20.1％に過ぎない。なお，性別，コーホート別にみても，いずれのカテゴリーでも1％水準で有意である。

　さて，本調査においては「18歳の時点でどのレベルまで教育を受けたいと考えていたか」について尋ねた項目がある。この項目をもとに中学成績が「下の方」のグループの特質を検討すると，高等教育進学を希望していた者142名中，実際に64名が就学しており，この層の就学率は45.1％である。これはこの調査サンプル全体の就

表 2-8 中学成績「下の方」 高校成績と高等教育就学経験のクロス表

		高等教育就学経験		合　計
		ある	ない	
高校成績	下の方	10 (10.4)	86 (89.6)	96 (100)
	やや下の方	20 (9.8)	184 (90.2)	204 (100)
	真ん中のあたり	21 (13.0)	141 (87.0)	162 (100)
	やや上の方	20 (25.3)	59 (74.7)	79 (100)
	上の方	20 (25.6)	58 (74.4)	78 (100)
	3年生まで在学せず	0 (0.0)	34 (100)	34 (100)
合　計		91 (13.9)	562 (86.1)	653 (100)

$\chi^2 = .000$, df = 5 < .001

表 2-9 中学成績「下の方」 高校ランクと高等教育就学経験のクロス表

		高等教育就学経験		合　計
		ある	ない	
高校ランク	ほぼ全員	12 (66.7)	6 (33.3)	18 (100)
	7～8割	25 (41.7)	35 (58.3)	60 (100)
	半数くらい	14 (16.7)	70 (83.3)	84 (100)
	2～3割	23 (11.2)	182 (88.8)	205 (100)
	ほとんどいない	17 (7.0)	225 (93.0)	242 (100)
	3年生まで在学せず	0 (0.0)	34 (100)	34 (100)
合　計		91 (14.2)	552 (85.8)	643 (100)

$\chi^2 = .000$, df = 5 < .001

学率42.3％（2722名中1151名が就学）をも上回る。しかし，高等教育進学を希望しなかった者439名中就学したのはわずかに14名（就学率3.2％），何も考えていなかった者145名中就学したのはわずかに12名（就学率8.3％）である。言い換えれば実際の就学者90名中

64名（71.1％）が高等教育進学を希望していた者の中から出ている。性別，コーホート別にみても，この傾向は顕著である。つまり中学成績が「下の方」の者でも高等教育進学を希望する，あるいは希望可能な状況にある者は半数弱が進学していくのであるが，希望しない者はほとんど進学の可能性はない。この希望するという意識ないしは希望可能な状況を作り出すものは経済変数，学力変数，学校変数のいずれであるのかを検討してみよう。図2-4は世帯収入でコントロールした高校ランクごとの高等教育就学率である。「平均よりかなり多い」（65サンプル）と「平均よりかなり少ない」（14サンプル）はサンプルが僅少なため省略し，3カテゴリーを対象とした。この表のうち「ほぼ全員」とは，ほぼ全員が進学する高校であるが，世帯収入が「平均より多い」では6サンプルしかなく，「平均より少ない」では1サンプルしかない。しかし他はすべて10サンプル以上ある。このグラフによれば，確かに世帯収入ごとに進学率は異なるが，それを考慮したとしても高校ランクによる差異は残っている。ほぼ同じことが高校成績についてもいえる。図2-5については，すべてのカテゴリーで10サンプル以上ある。やはり世帯収入の影響力はみられるが，高校成績独自の影響力も存在するといえる。両者の影響力の関係についてはロジスティック回帰分析で再度考察する。

　以上，中学成績が下位で高等教育就学経験がある者に関しては，経済的な要因はもちろん重要である。だが，それだけに回収されるわけではなく，高校時代の諸変数もかなり重要な要因である。高校時代の変数では本章で取り扱った二変数のうち，高校成績よりも高校ランクの方がむしろ重要な変数である。高等教育進学者がほとんどいない高校では就学は難しく，さらに半数以上が進学している高

校で学んでいない者が進学する可能性は極めて低くなっている。それを裏付けるのが進学希望である。すなわち，中学成績下位層にと

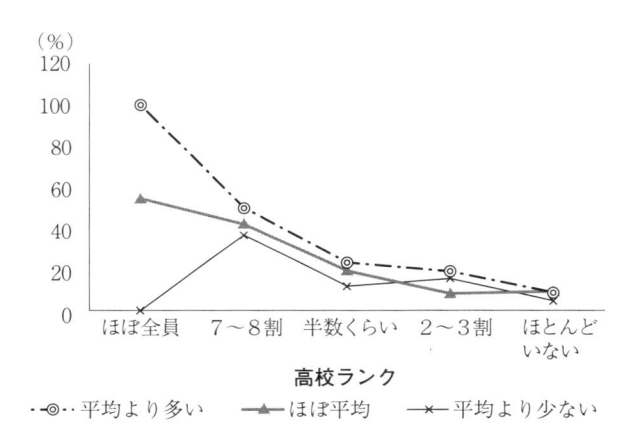

図 2-4　中学成績「下の方」　世帯収入別・高校ランク別の高等教育就学率

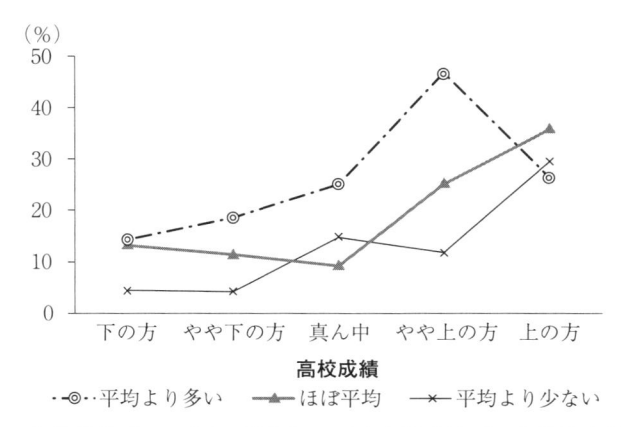

図 2-5　中学成績「下の方」　世帯収入別・高校成績別の高等教育就学率

っては，高校ランクによって進学希望が形作られ，就学につながっていくということなのであろう。以上をまとめて，冒頭の全入仮説について述べると，無条件全入仮説は当然否定されるだろう。高等教育機関が増えれば進学希望を抱いていない層でも，どのような高校ランクの者でも就学可能になるということではない。進学者の多い高校に進学して高等教育進学希望が形作られることが重要だからである。また，以上の分析からは，経済的要因のみが決定的な要因ではなく，それに回収されない影響力をもつ要因が存在するので，条件付全入仮説も肯定できない。

4．中学成績上位層の分析

次に中学成績上位層を見てみよう。この層で進学しなかった者は，なぜ進学しなかったのか。第一に，高校進学後，成績が急降下したというケースが考えられる。第二に経済的状況のために（進学可能かつ進学を希望しているにもかかわらず）進学をあきらめたというケースが考えられる。また，プロスポーツ選手のように特異な能力をもっており，高校を出てすぐ社会に出たというケースも考えられる。

表2-10は，世帯収入レベルとのクロス表である。中学成績上位で高等教育就学経験のない層は，就学経験がある層と比べて，全体的に世帯収入が少ない。平均に満たない層は高等教育就学経験がある層で20.3％，ない層で32.4％である。全体では10％水準でも有意ではない。性別には男性では$\chi^2=.083$, $df=4<.010$と1％水準で有意だが，女性では$\chi^2=.948$, $df=4$で10％水準でも有意ではない。

コーホート別には1966-1970年コーホートで$\chi^2=.432$, df=4, 1976-1980年コーホートで$\chi^2=.908$, df=4となっており, いずれも10％水準でも有意ではない。1971-1975年コーホートでは$\chi^2=.041$, df=4＜.050であり, 5％水準で有意である。

次に表2-11は高校成績とのクロス表である。ちなみに中学成績「上の方」という層には高校中退者はいない。この表からわかるこ

表2-10　中学成績「上の方」　世帯収入と高等教育就学経験のクロス表

		高等教育就学経験		合　計
		ある	ない	
世帯収入	平均よりかなり少ない	17 (68.0)	8 (32.0)	25 (100)
	平均より少ない	47 (74.6)	16 (25.4)	63 (100)
	ほぼ平均	128 (83.1)	26 (16.9)	154 (100)
	平均より多い	106 (82.8)	22 (17.2)	128 (100)
	平均よりかなり多い	18 (90.0)	2 (10.0)	20 (100)
合　計		316 (81.0)	74 (19.0)	390 (100)

$\chi^2=.185$, df=4

表2-11　中学成績「上の方」　高校成績と高等教育就学経験のクロス表

		高等教育就学経験		合　計
		ある	ない	
高校成績	下の方	35 (72.9)	13 (27.1)	48 (100)
	やや下の方	49 (80.3)	12 (19.7)	61 (100)
	真ん中のあたり	71 (81.6)	16 (18.4)	87 (100)
	やや上の方	74 (87.1)	11 (12.9)	85 (100)
	上の方	93 (81.6)	21 (18.4)	114 (100)
合　計		322 (81.5)	73 (18.5)	395 (100)

$\chi^2=.386$, df=4

とは，中学成績下位層と事情は異なり，高校成績「下の方」の層を除く各層とも高等教育就学経験率が80％程度で大差はないことである。したがって，全体としては，中学成績「上の方」の層で高校進学後成績が急降下した者はいるのだが，就学しにくくなるということではないと推測される。全体では10％水準でも有意ではない。性別には男性で $\chi^2=.668$, df＝4，女性では $\chi^2=.540$, df＝4で10％水準でも有意ではない。コーホート別には1966-1970年コーホートで $\chi^2=.452$, df＝4，1971-1975年コーホートで $\chi^2=.313$, df＝4，1976-1980年コーホートで $\chi^2=.796$, df＝4でいずれも10％水準でも有意ではない。

次に表2-12は高校ランクである。これに関しては顕著な差がある。ほぼ全員が進学する高校に在籍した者が全体の63％ほどを占めるのだが，この層では高等就学経験がある者が91.5％，ない者が8.5％に過ぎない。逆に，進学する者が2〜3割の高校出身者では高等教育就学経験がある者は48.4％，進学者が「ほとんどいない」層で

表2-12　中学成績「上の方」　高校ランクと高等教育就学経験のクロス表

		高等教育就学経験		合　計
		ある	ない	
高校ランク	ほぼ全員	226 (91.5)	21 (8.5)	247 (100)
	7〜8割	60 (76.9)	18 (23.1)	78 (100)
	半数くらい	16 (66.7)	8 (33.3)	24 (100)
	2〜3割	15 (48.4)	16 (51.6)	31 (100)
	ほとんどいない	5 (35.7)	9 (64.3)	14 (100)
合　計		322 (81.7)	72 (18.3)	394 (100)

$\chi^2=.000$, df＝5＜.001

は 35.7％に過ぎない。全体では 1 ％水準で有意，性別にもいずれの性でも $\chi^2 = .000$, df＝4＜.001 と 1 ％水準で有意，コーホート別には

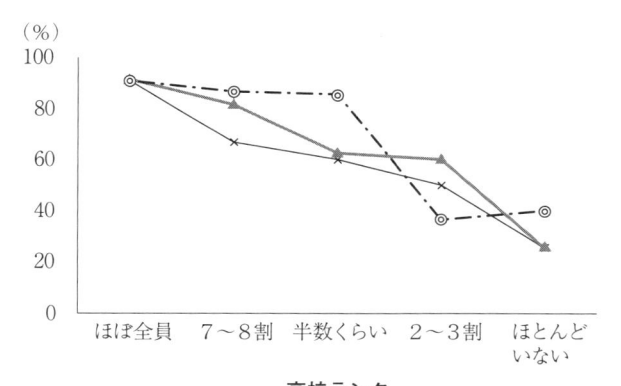

図 2-6　中学成績「上の方」　世帯収入別・高校ランク別の高等教育就学率

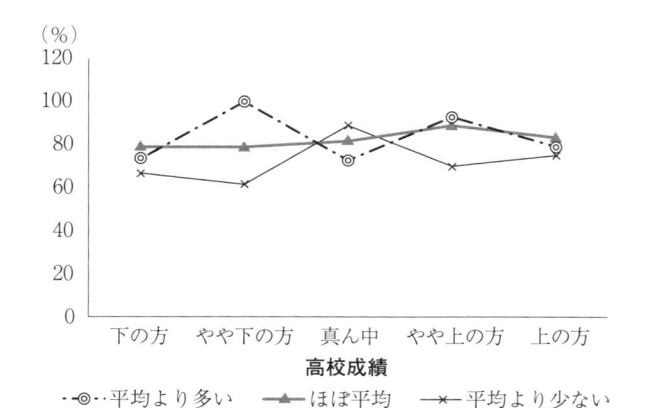

図 2-7　中学成績「上の方」世帯収入別・高校成績別の高等教育就学率

1976-1980年コーホートでは $\chi^2 = .019$, df = 4 < .050 と 5 %水準で有意, 他の 2 つのコーホートはいずれも $\chi^2 = .000$, df = 4 < .001 と 1 %水準で有意である。

さて, 前節同様, 進学希望と就学の関係について考察しよう。この層では高等教育への進学希望は, 396名中338名 (81.3%) が抱いている。現実には338名中308名が就学 (就学率91.7%) している。つまり, この層においても, 大半は就学するものの, 32名は進学希望したにもかかわらず就学できていない。他方, 高等教育への進学を希望していなかった層では42名中 5 名が就学 (就学率11.9%), 何も考えていなかった層では16名中11名 (就学率68.8%) が就学している。進学希望をもたない層は中学成績下位層同様, 進学する比率は極めて低いが, 「何も考えていなかった」層では中学成績上位層ではかなりの者が進学するのである。

以上をまとめると, 次のようになろう。もちろん, 中学成績上位層の生徒たちには高校でも学力が高い者が多く, また, その多くが進学を希望しているわけである。個別的には経済的理由で進学できない層は少なくないだろう。しかし, 経済的要因を統制しても学校変数の影響力は残っている。したがって, 以上の分析結果は, 無条件全入仮説のみならず, 条件付全入仮説を支持する根拠たり得ない。また高校時代に成績が急降下して進学不可能になった者がとくに多いということでもない。むしろ, 中学成績が上位で高校成績も上位 (あるいは中上位) という者199名のうち32名 (約16%) ほどが進学できておらず, 中学成績下位層の分析の時と同じく, 全入仮説が唱えられるような状況の今でさえ, 高等教育機関が十分に成績上位層を吸収しているとはいえないのではないかという疑いも残る。

5．ロジスティック回帰分析の結果と結論

いずれにおいても標準化係数は高校ランクにおいてかなり大きく，世帯収入は小さい。冒頭にたてた3つの仮説について述べると，ま

表2-13　ロジスティック回帰分析の結果（全サンプル）

		全体		
		B	標準誤差	Exp（B）
切片		− 0.096	0.425	
中学成績	下の方	− 1.430	0.208	0.239
	真ん中のあたり	0.000	0.184	0.438
	やや上の方	− 0.332	0.186	0.718
	上の方	0		
世帯収入	平均よりかなり少ない	− 0.887	0.441	0.412
	平均より少ない	− 0.571	0.379	0.565
	ほぼ平均	− 0.345	0.365	0.709
	平均より多い	− 0.098	0.374	1.103
	平均よりかなり多い	0		
高校成績	下の方	− 1.682	0.242	0.186
	やや下の方	− 1.313	0.198	0.269
	真ん中のあたり	− 0.936	0.168	0.392
	やや上の方	− 0.437	0.181	0.646
	上の方	0		
高校ランク	ほぼ全員	3.630	0.225	37.719
	7〜8割	2.644	0.194	14.069
	半分ぐらい	1.525	0.195	4.596
	2〜3割	0.556	0.192	1.744
	ほとんどいない	0		

ず無条件全入仮説および条件付全入仮説はひとまず否定される。ただし，本章で用いた変数は15歳時の世帯収入であって，高等教育進学時の世帯収入そのものではない。そのことが世帯収入の影響力を低くしている原因である可能性を否定することはできない。これについては他日，より詳細な分析を行い検討したい。またクロス表分析においても述べたように，中学成績の方が高校成績よりも規定力が大きい。しかしながら，高等教育がそれを受けるにふさわしい生徒をことごとく吸収していないというタレント・ロス仮説の妥当

表 2-14 ロジスティック回帰分析の結果（中学成績「下の方」と「上の方」）

		中学成績「下の方」			中学成績「上の方」		
		B	標準誤差	Exp(B)	B	標準誤差	Exp(B)
	切片	-1.687	0.854		0.099	1.003	
世帯収入	平均よりかなり少ない	-0.0512	0.974	0.599	-0.978	0.943	0.376
	平均より少ない	-0.158	0.869	0.854	-0.679	0.870	0.507
	ほぼ平均	0.028	0.842	1.029	-0.330	0.842	0.719
	平均より多い	0.392	0.861	1.480	-0.372	0.848	0.689
	平均よりかなり多い	0			0		
高校成績	下の方	-1.553	0.489	0.212	-1.612	0.494	0.200
	やや下の方	-1.58	0.399	0.206	-0.727	0.498	0.484
	真ん中のあたり	-1.182	0.396	0.307	-0.685	0.443	0.504
	やや上の方	-0.225	0.412	0.798	-0.162	0.466	0.850
	上の方	0			0		
高校ランク	ほぼ全員	3.478	0.598	32.38	3.331	0.648	27.958
	7～8割	2.435	0.392	11.421	2.080	0.656	8.007
	半分ぐらい	1.259	0.406	3.521	1.709	0.748	5.526
	2～3割	0.538	0.345	1.712	0.508	0.677	1.662
	ほとんどいない	0			0		

性までは否定できないことはすでに述べたとおりである。ただし，高等教育機関への就学の有無に決定的な大きな影響を及ぼすのは，高校の同級生の進学率である。つまり，すでに日本の教育社会学会において再三指摘されてきたトラッキング論，ないしは近年盛んなスクール・カースト論が最も妥当することを示している。ただし従来のトラッキング論は社会階層と密接に関連する議論であった。スクール・カースト論においても社会階層との関連が指摘されている。しかし，本分析で導出された結論は異なる方向性を示している。この結論をさらに詳細に検証する作業は今後の課題である。

　最後に，本章ではあくまでも中学成績，高校成績として，本人の同学年中での相対的な位置を用いた。いわば絶対的な学力ではなく相対的な学力を用いたわけである。そして，この相対的な学力はあくまでも自己申告によるものである。そのことによる分析結果への影響を検証することも必要であるが，JGSS-2009LCS データでは困難である。これは本データの限界である。

　また，高等教育機関別・学部系統別に分析してより詳しい，就学経験と諸変数の関連を検討する必要もある。これもまた今後の課題である。

付　記

　日本版 General Social Surveys（JGSS）は，大阪商業大学 JGSS 研究センター（文部科学大臣認定日本版総合的社会調査共同研究拠点）が，東京大学社会科学研究所の協力を受けて実施している研究プロジェクトである。
　本章で紹介されたデータは2011（平成23）年3月に日本版総合社会調査共同研究拠点 大阪商業大学 JGSS 研究センターより刊行された 『文部科学省「特色ある共同研究拠点の整備の推進事業」日本版社会調査共同研究拠点研究論文集〔11〕（JGSS Research Series No. 8）』収録の拙稿「JGSS-2009LCS デー

タに基づく高等教育就学の規定要因に関する考察」(79〜91頁)の再録である。

引用・参考文献
小林雅之(2008)『進学格差―深刻化する教育費負担―』筑摩書房。
Freeman, Richard B. (1971) *Overeducated American*. (小黒昌一訳 (1977)『大学出の価値―教育過剰時代―』竹内書房新社。)
Peng, Samuel S. (1976) "Some Trends in the Entry to Higher Education: A Comparison between NLS and Project Talent", Paper presented at the Annual Meeting of the American Psychological Association.
潮木守一(2008)「大学進学率上昇をもたらしたのは何なのか―計量分析と経験値の間で―」日本教育社会学会編『教育社会学研究』83　5-22頁。
山内乾史(1997)「大学生は変わったか」米川英樹・江原武一編『自己意識とキャリア形成―アメリカ高校卒業生にみる―』学文社, 187-204頁。
矢野眞和・濱中淳子(2006)「なぜ,大学に進学しないのか―顕在的需要と潜在的需要の決定要因―」日本教育社会学会編『教育社会学研究』79, 85-102頁。

第3章 個人に焦点をあてた「学力移動」論への展開

原　清治・浅田　瞳

1．個人に焦点をあてた相対的な学力研究とは

　「学力」については，これまで多くの教育学研究者によってさまざまな視点からの議論が展開されてきている。直近のものに絞っても，たとえば，2000年前後の学力低下論争では，日本の子どもたちの学力が全体的に低下してきていることや，その背景には一部の子どもたちが「学び」そのものに背を向け始めているという実態が報告された。しかし，そこで論じられた「学力」とは，日本の子どもたちをひとくくりにした「総体」が，世界的な水準からみた場合にどの位置にあるのかといった国際比較における相対的な学力であった。詳しくは後述するが，OECD（経済協力開発機構）が行う学習到達度調査（PISA）や，国際教育到達度評価学会（IEA）が行う国際数学・理科教育調査（TIMSS）などは，調査の対象である小学5年生や中学2年生時点において，多くの参加国のなかでわが国はどの程度高いか（経年比較の中で順位が上昇したか），あるいは低いか（下降したか）といった視点で語られてきたものである。そこ

では，子どもたちが所属する学校やクラスなどの集団の中で，「個人」の学力がどの位置にあるのかといった個人に焦点をあてた集団のなかでの「相対的」な学力やその上がり下がりの実態については，ほとんど論じられてきていない。

　筆者を代表とする研究グループの調査結果では，中学校において学力上位であった子の中に，いわゆる「進学校」といわれる高等学校に進んだと同時に学力が急激に下降し，下位グループになってしまうコーホートが一定数あることがみられた。反対に，中学校ではあまり勉強のできなかった子が「普通」の高等学校に進学し，その学校のなかで上位の成績を維持するコーホートへ移動したという子どもたちも存在した。こうした，学力の「移動」が，将来の職業観や，価値観に大きな違いをもたらす背景となっている実態がみられることが調査によって明らかになったのである（原・山内 2010）。

　本章ではそうした子どもたちの個人内の成績の変化に注目した「学力移動」の視点について詳細な検討を行いたい。これまでの学力調査の中に，個人の学力に注目した切り口から分析したいくつかの先行研究をみてみると，子どもたちの中には学力の高低によって仲間関係や進路意識が大きく規定されており，その上昇や下降につれて特有のメンタリティが形成されていることを指摘したものもあり，個人に焦点をあてた相対的な「学力」の「移動」という視点が今後の学力研究の新たな分析フレームと成り得るのか，に対して何がしかのインプリケーションとなることを期待したい。

2.「学力移動」について

　学力に関する議論は戦後間もない時期から教育学者，教員を問わずに盛んに研究が進められてきた。たとえば，広岡亮蔵（1964）は「知識・技術」と「態度」の二層から学力像を明らかにした「広岡モデル」を，勝田守一（1964）は「成果が計測可能なように組織された教育内容を学習して到達した能力」を学力であると論じている[1]。この時期においても，学力はいわゆる「旧学力観」と呼ばれる「読み・書き・そろばん」といった知識や技術そのものを指すこともあれば，それに加えて「新学力観」ともいうべき「関心・意欲・態度」などを含めた総合的な力によって示されるといった意見に大きく二分されていたことがわかる。また，近年では社会問題としても論じられた学力低下論争では，「新学力観」を重視した「ゆとり教育」といわれる一連の改革が，「旧学力」を低下させたこと，とりわけ，学習に対する興味関心をもちにくい環境にある社会的弱者の層に，より学力低下の傾向がみられたことは苅谷剛彦（2001）らが中心となった東京大学グループの研究結果からも明らかであろう。

　また，これまでの研究においては，「学力」そのもののあり方や定義を論じたり，日本の子どもたちの学力は世界の国々と比較した場合，どのような位置にあるのかといった比較研究が多くを占めていた。たとえば，全国学力調査では，文部科学省が学習指導要領をもとに，当該学年の子どもに必要な「学力水準」はあらかじめ定められており，わが国の子どもは総じてどの程度その水準を通過しているのかや，地域ごとにどのような差がみられるのかといったコーホートとして学力の高低に注目した研究がほとんどであったといっ

てよい。こうした「学力」が時代とともにどのように変化するのかといった国際比較の代表的な調査としては，3年ごとにOECD（経済協力開発機構）が行う学習到達度調査（PISA）や，4年ごとに国際教育到達度評価学会（IEA）が行う国際数学・理科教育調査（TIMSS）などがあり，参加諸国が「自国の子どもたちの学力は，世界的にみた場合に一般的な水準を満たしているか」や「近年の学力推移の動向はどうか」という問いに対して，一定の傾向を見て取ることが可能となっている。だが，こうした学力調査は国や地域といった非常に大きな集団の中での平均的な学力の位置づけをあくまで「総体」としてとらえているに過ぎず，学校やクラスといった小さな単位で子どもたちの学力をみたとき，大括りの学力の捉え方だけでは，必ずしも子どもたちの実態を把握しきれない事例が少なくないことに気づく。

　たとえば日本においては，近年，私立の一貫校への進学を希望して小学校や中学校の入試を受験する子どもたちが増加している。「お受験」と呼ばれるこうした熾烈な競争を経て小・中学校へ進学する子どもたちの多くは，それまでの所属集団における「相対的」な学力が高い層が中心となる。毎年1月から2月にかけて，新聞紙上でも，こうした学校の入試問題が掲載されるが，問題を目にしたときに「こんな問題を小学生（中学生）が解答できるのか」と疑問に思った経験はないだろうか。大人でさえも難しいと感じるこうした問題に答えることのできる子どもたちの学力が「低い」とは誰も考えない。しかし，厳しい選抜を経て入学した学校でも，皆がそれまでと同様にずっと所属集団内部で「相対的に」高い学力位置をキープすることができるかといえば，そうではない。厳しい選抜を越えて

入学した同級生の多くは自分と同等か，もしくはそれよりも高い学力をもっているのであるから，残酷ではあるがその集団の中での「相対的」な順位が割りふられてしまう。その際に，成績下位群に配属され，形のうえでは「下降移動」せざるを得なかった子どもたちのメンタリティにどのような変化が生じるのだろうか。

　このような，一般的な学力調査では見えてこない，個人に注目した小さな所属集団の中で生じる相対的な学力の上昇や下降を私たちの研究グループは「学力移動」と定義した。これはある子どもが中学，高校，あるいは大学と進学することによって，学力面での校内での相対的な位置づけが変動することを前提としている。すなわち，所属する集団が変化することによって，「絶対的な学力」が同じ子であっても，「相対的な学力」に違いがみられるという意味である。したがって，全国学力調査などではほぼ同じ学力を有していたとしても，学力移動の観点からとらえた場合，彼らの学校での位置づけは必ずしも同じであるとは限らない。実際に，進学校における成績下位群の子どもと，進路多様校における成績上位群の子どもでは，学習に対する積極性や自身のキャリア・パスへの考えに大きな違いがみられるという指摘もある（原・山内　2010）。

　さて，学力に関するこれまでの調査において，個人を単位として，学力の上昇や下降に大きな影響を与える要因を探った研究の着地点をみると，①教員の指導力や学校の取り組み，②子ども個人の出来事に起因したもの，の２つが主として考えられてきた。すなわち，①は子どもに対する教師の指導技術や方法が，子どもの学力に直接的な影響を及ぼしたという考え方であり，国や地方自治体，あるいは学校が「どの子に，いつ，何を教えるのか」といったカリキュ

ラム論の重要性はここからも伺える。また，②については，わが国の社会の不安定さが，リストラ，離婚，虐待等という家族の解体につながり，子どもたちが学習する環境にない場合や，いじめや友人との人間関係の軋轢が学習のモチベーション低下に大きな影響を与えていたといったケースもみられた。しかし，これまで述べてきたような「学力移動」の着想は，必ずしも教員の指導力や子ども自身の個人的な事情に限って派生するものではない。以下では，「学力移動」の視点から子どもの進路意識の違いを分析した先行研究を整理してみたい。

3．「学力移動」は子どもたちにどのような影響をもたらしているのか

矢野眞和・濱中淳子（2006）は大学全入時代にもかかわらず，「最近の大学・短大の進学率は，50％水準を安定的に推移しており，今後も大きな変動はないだろうと暗黙的に了解」[2]されていることに疑問を抱き，以下のような調査を実施した。

表3-1は，矢野が高校3年生2000名を対象に，2005年11月に進

表3-1　中学の成績と進路の人数分布

単位：人（％）

中学の成績	大学進学	受験浪人	非進学他	計
上／中の上	531（65）	113（14）	176（21）	820（100）
中くらい	238（48）	45（ 9）	212（43）	495（100）
中の下／下	190（46）	15（ 4）	208（50）	413（100）
計	959（56）	173（10）	596（34）	1728（100）

（出所）矢野眞和（2007）「高校生の進路行動と大学政策」『IDE2007年4月号』

路希望を調査し，翌年3月末時点での進路決定を追跡調査した結果である。

　進路決定の有効回答数は1728人で，ちなみに回答者の現役進学率は56％に達しており，大学進学率50％前後という文部科学省の統計結果を上回っていた。この調査をみると，中学時代の成績が「上／中の上」と答えた生徒のうち，21％が高等教育に進学しておらず，反対に中学での成績が「中の下／下」と答えた生徒のうち56％が進学しているのである。表からは，これまで大学生をめぐる議論の対象にはならなかった「学力移動」に起因する問題が内包されていることに気づく。大学の歴史を振り返ってみると，1991年に実施された「大学設置基準の大綱化・簡略化」は大学改革の契機であった。すなわち，一般教育と専門教育の区分が廃止され，カリキュラムが自由化され，教養部の改組と大学院の重点化が図られた。2004年に実施された国立大学の法人化と評価の義務化といった改革の流れと，市場競争の圧力が重なって，大学を取り巻く環境はますます厳しさを増した。生き残りのための模索や倒産の危機に瀕する大学，すなわち定員割れを起こし，募集を停止せざるを得ない大学が出始めたのもこの時期である。

　昨今の教育学研究の世界では，中学時代の成績とは「絶対的な学力」と読み替え可能であると考えられている。したがって，中学時代の成績が「中の下／下」に相当する若者とは，絶対的な学力が低く，本来であれば大学に進学できる対象者ではない。しかし，この調査結果からは，その学力層にあっても一定数の若者が大学に進学しているのである。これは単純に大学の数が増加したことによって入学定員数が増加したことと18歳人口の減少によって大学の門戸

が広がり，入学できる学生の学力が低下したことだけが原因ではない。中学から高等学校に進学するにしたがって，学校内でどのように「相対的な学力」が変化したのかという「学力移動」の観点から表3-1を見返すと，もうひとつの理由が浮かび上がってくる。もし，中学時代の成績が「中の下／下」の若者が大学進学を主たる目的としていないレベルの高校に入学した場合，周囲の友人の多くも自分と同じく中学時代の成績が「中の下／下」とあまり高くはないことが予想される。学校での試験等で「少し」がんばることによって，所属集団内での「相対的な学力」が高くなり，それを維持していけば「この学校でも上位にいるのであれば，推薦等によって大学進学もできるのではないか」といったように，自分の将来や進路に対する意識に大きなプラスの変化がみられ始めるのではないだろうか。あくまでその個人の置かれた「絶対的な学力」（中学時代の成績）は低い。しかし，所属する集団が変更すること，ここでは高等学校に進学することで「相対的な位置づけ」が高くなり，そうした集団内での「相対的な学力」の高さが進路意識に大きな影響を与える動因となるといった発想が可能なのである。

　そして，さらに表からうかがえることは，学力が低くても高等教育に進学する層があることだけではなく，たとえ中学時に学力が上位にあった（学力的には，大学進学にもっとも適応している）としても大学に進学しない層も一定数，存在していることである。これについても，本人の意志によって「大学には行かない」という生徒や，矢野が指摘するように進学したくても家庭の事情で行けない生徒がいることも事実であろう。しかし，これもまた「学力移動」の視点から着想すれば，絶対的な学力である中学時代の成績が「上／

中の上」であっても，高校の成績が「中の下／下」になってしまった場合，自分の将来に希望を見出せなくなり，進学そのものをあきらめてしまった生徒もいるのではないだろうか。

　矢野は，大学進学率が50％から横ばいの状態が続いた現象に対して，「学力選抜による帰結」でもなく，「大学にあえて行かない」といった個人の選好の問題でもなく，若者の「家庭における大学進学に耐えうる資金力の有無によって規定されている」と結論づけた。矢野は親の「わが子に受けさせたい教育」に「大学以上」と答える割合が80％であるのに対し，実際の進学率の50％と大きな落差があることを指摘するとともに，「親の希望と現実との大きな落差を考えてみれば，本人の選好が50％進学を維持させ，安定化させていると判断するのは，無理がある」と結論づけ，「学力」と個人の「選好」だけではなく，進学できるだけの「資金力」が進学／非進学を左右しており，家計の所得による進学機会の格差が依然として存在し続けているにもかかわらず，近年の大学改革に関する議論は学生の学力低下や競争主義の導入に終始しているため，大学進学率が変動しないといった問題に眼が向けられていないことを指摘した。確かに矢野の指摘には傾聴に値すべきものがあり，近年のわが国における雇用環境の悪化は，子どもの進学意識や進路そのものに大きな影を落としていることは間違いないだろう。しかし，18歳時における「絶対的な学力」の高い子どもたちのうち，進学しない子どもの要因のすべてが家庭の経済状況によるものなのだろうか。矢野の調査では高校での成績を問う項目はないため，推測の域を脱しないが，中学時代の成績が高く，家庭の経済状況も悪くない，一般的には「進学するだろう」とみられがちな子どもが「就職」または「不

明」といった進路を選択した場合，その理由を資金力の有無のみに帰結させるのは難しい。矢野はわが国の奨学金制度が返済型であるために，経済状況の苦しい子どもは将来の自分に対する借金を回避する子どもが多いのではないかと指摘しているが，大卒者と高卒者の就職内定率の格差は近年ますます拡大しているため，多少経済的に苦しくなったとしても，奨学金等を利用して大学進学を選択するのではないだろうか。高等学校での学校生活により，「進学する自分」を見いだせなかった場合，たとえ中学時の「絶対的な学力」が高く，進学可能な経済力を有していたとしても，あえて「大学進学」を選べない，もしくは選ぼうとしない若者が一定数存在すると考える方が自然なのではないだろうか。中学から高校に進学した際に，学校内での「相対的な学力」が低下したために，進学意欲そのものが大きく低下する場合が想定できるのである。

4．学力という地平に立ったソフトな議論

　ここまでは，若者の進路形成を考える場合に，これまでのような個人のもつ「絶対的な学力」や大学の「選好」，家庭の「経済力」といったハードの側面だけではとらえきれない問題を，「学力移動」という新たな視点に立てば議論の俎上に乗せることが可能となることを整理してきた。所属する集団内の「相対的な学力」という視点からのアプローチとして，筆者らが実際に行った研究のいくつかから，「相対的な学力」が子どもたちにどのような影響を与えているのか，その実態をみてみたい。

　まず，ひとつめに子どもたちの学力分布と意識についてである。

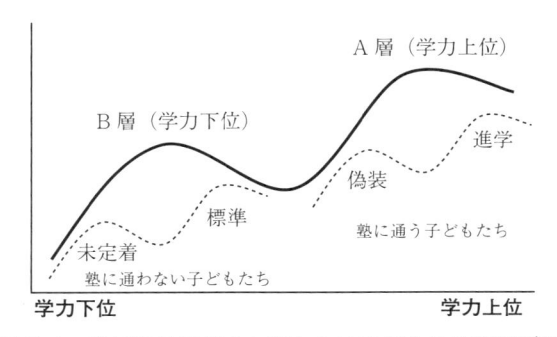

第3章　個人に焦点をあてた「学力移動」論への展開　57

図3-1　塾に通う子どもと通わない子どもの分布モデル

（出所）原清治（2007）「学力問題から見る社会的排除の構造―塾調査の分析における子どもたちのメンタリティに注目して―」『教育学部論集第18号』98頁

　原を研究代表者として，塾に通う子どもと通わない子どものメンタリティに注目し，通塾による帰属集団への意識の違いを明らかにする調査（詳細は原 2007，および原・山崎 2006）を実施した結果がある。そこで明らかとなったのは，図3-1にみられるように，学校や塾における「相対的な学力」によって形成されるグループごとによって子どもたちのメンタリティが規定され，互いに反目しあう構造がみられたことである。つまり，自分たちの帰属する集団の中で自分とはまったく異なる学力層に位置する子どもに対して「やつら」と呼び，彼らを排除の対象として自分たちと切り離す意識が，どの学力層にも存在したことである。一般的に塾に通う子どもたちは「絶対的な学力」が高いと考えられているため，学習意識は高いと考えられがちである。実際に，この調査における子どもたちの「絶対的な学力」，すなわち中学での成績はおおむね高かった。しかし，塾内において，「相対的な学力」の低い子どもは「相対的な学力」の高

い子どもと比べて、塾や学校での態度や学習への関心に大きな差がみられたのである。それは、「絶対的な学力」の低い子どもにおいても同様であり、とりわけ表3-1におけるもっとも左側に位置する子どもは「自分が他の子とは違うから、何をしても無駄」といった学習に対する意欲や関心をまったく失っていたのである。

エーレンライク（B. Ehrenreich 2001）は、アメリカの低賃金労働者が労働に従事する際に受けるさまざまな屈辱から、「階層の序列のなかで低い位置にいることをつねに意識させられれば、不幸な現状を甘んじて受け入れるようになる仕組み」を指摘し、低賃金労働者が会社に対して賃金交渉を行ったり、不当な労働待遇に異議を唱えないのかを明らかにした[3]。彼らは「自分たちはこんな底辺の仕事をする、たいしたことのない人間である」と考えているため、上司に反論する意欲そのものが削がれていたのである。図3-1のもっとも左側に位置する学力未定着層の子ども、すなわち「絶対的な学力」も「相対的な学力」も低い子どもが感じている「自分たちには何もできない」といった自己肯定観の低さは、エーレンライクが指摘する低賃金労働者といくつかの共通点が読み取れる。彼らは教師から「もっと勉強しろ」と叱責され、親からは「なぜこんなに勉強ができないの」と失望され、同級生からは「あいつは頭が悪いから仲間にはしたくない」と排除され、相対的にも、絶対的にも学力の位置が低いことを恒常的に意識させられている。ゆえに、学力未定着層の子どもたちも「自分はダメな人間なんだ」といった自己否定的な価値意識をもち、周りから否定される現状を甘んじて受け入れるようになる。結果として、学力未定着層の子どもたちは「オレたちなんて、しょせんがんばってもどうしようもない」といった意識

をもつことになる(原 2008)。

 2つめには,「使い捨てられる若者」と学力との関係である。フリーターやニートなどの若年未就労者が彼らの社会階層と相関していることは,先行研究からも明らかとなっている。原はフリーターやニートなどの若年未就労者に関する研究を行い,若年未就労者は彼らがどのような学力階層に位置していたのかによって「使い捨てられる」背景が異なることを明らかにした(詳細は原 2008参照のこと)。

 彼らは大きく3つのグループに分かれている(表3-2参照)。①は中学時に「絶対的な学力」が高く進学校に進んだにもかかわらず,「相対的な学力」が下がってしまった若者である。「使い捨てられる若者」全体の中でも,彼らの占める割合は33.6％と高く,自分の進路を見失ってしまったといえる。彼らは就業という迷路に迷い込んでいる若者であり,「今ついている仕事よりも,他に自分に向いて

表3-2 「使い捨てられる若者」と学力との関係

高校＼成績	上	中	下
進学校	7.3 (n=34)	2.2 (n=10)	33.6 (n=156)
進路多様校	8.6 (n=40)	3.9 (n=18)	19 (n=88)
非進学校	5.6 (n=26)	8.2 (n=38)	11.6 (n=54)

(出所)原清治(2008)「「使い捨てられる若者」の排出過程に関する実証的研究―人的資本から教育資本へ―」『佛教大学教育学部学会紀要第7号』12頁

いる職業があるんじゃないか」、「いますぐ仕事をしないといけない立場ではないから、一生付き合える仕事を探している」、「アルバイトでも生活できないわけじゃないから、今はとりあえずこの状態が楽だ」といった回答が多く寄せられた。彼らは「絶対的な学力」は高いにもかかわらず、「相対的な学力」が低下してしまったため、高校卒業時に自分の進路を見失い、自分の適性は何か、わからない状態であったと考えられる。したがって、自分に適した仕事を探すために低賃金労働に従事している。彼らの多くは現状の生活を維持できているために、正規雇用を視野に入れている若者は少なく、主体的に「使い捨てられる若者」を選択している。

　②は、中学時の「絶対的な学力」は中位であったが、進路多様校で「相対的な学力」が下がってしまった若者である。「相対的な学力」が低下してしまったことは、①と同様であるが、彼らは自分の適性について見失うといった特徴はみられなかった。むしろ、彼らの多くは、現在の仕事と将来の仕事は違う、と考えている傾向がみられた。インタビューでは「今の仕事は、はっきりいって将来のためのステップアップに過ぎないから、この仕事で正社員にはなりたくない」、「自分はこんなところで終わると思っていない。将来にはここよりもっといい仕事につきたい」、「いきなり仕事をしはじめたらすぐにやめられない、と思ったから、バイトをしている」と回答し、①のケースと異なり、正規雇用での就労に対する意欲が非常に高かった。すなわち、現在の仕事は将来の正規雇用に向けての腰掛け仕事だと捉えており、現在の仕事とはまったく職種の異なった仕事を正規雇用にしたいと考える若者が多く、経過的措置として「使い捨てられる若者」を選択していた。高校時における「相対的な学

力」が低下し，卒業後に積極的に低賃金労働に従事する点は，①のケースと同様だが，将来の正規雇用に対する意欲の高さや，低賃金労働を「腰掛け」だと区別しているところに②のケースの特徴が現れているといえる。

　③は，「絶対的な学力」も低い非進学校において「相対的な学力」も低い若者である。「学力移動」の観点からみれば，どちらの学力にも進学によって変化はみられない。しかし，彼らは就職という迷路をめざそうとしない，もしくはそこまでたどり着けない若者だと指摘できる。彼らのインタビューからは「誰も知らない，慣れてないところで仕事をするのであれば，安い給料でもここのほうがいい」，「高校の時からずっとバイトをしていると，お金は稼げるから就職できなくても，いいかと思った」，「俺はこのままで大丈夫なんだろうか，と不安になるけれども，もう自分を正社員で雇ってくれるところなんてあるんだろうか，とも思う」，「世間がどうなっても，べつにどうでもいいし，自分には関係ないし，興味もない」といった回答が多くみられた。彼らは現状の生活に決して満足はしていないが，自分の生活を向上させたい，正規雇用の仕事に就きたい，といった意欲も持ち得ていない。また，彼らのなかには低収入でも家計を支えているものも多く，少しのお金でいいから，早く稼ぐ必要にせまられている若者も存在した。したがって，週ごとや日ごとに「手っ取り早く」給与が支給される低賃金労働に従事せざるを得ず，結果的に「使い捨てられてしまう若者」になっていたのである。

　以上のインタビューから以下のことを読み取ることができる。ひとつは環境に恵まれている学力上位層であっても，①のように主体的に「使い捨てられる」ことを選択する若者が存在しているという

ことである。前述の矢野の調査では明らかにならなかった中学時代の学力、すなわち「絶対的な学力」が高い若者であっても、高校での学力が下降した、すなわち「相対的な学力」が下がった若者にフリーターやニートなどの「使い捨てられる若者」が多くいることである。もうひとつは、「絶対的な学力」が同等であったとしても、高校での成績が上位であれば、「使い捨てられる若者」になる恐れが低くなり、「相対的な学力」の違いによって「使い捨てられる若者」となる背景に大きな違いが生じることである。矢野の調査では、「大学に進学しない」理由として、経済力の有無のみを指摘していたが、本調査をみると、「使い捨てられる若者」は相対的な学力によってその背景に大きな違いがあり、単純に経済力の有無や絶対的な学力によるものではないことが読み取れるであろう。

　以上の3タイプはいずれも高校時代に「相対的な学力」が下降したことによって若年未就労者となっている側面が強いことが伺える。

　さらに、学校インターンシップやスクールボランティアなどの学校現場での体験活動と学力移動との関係を論じた先行研究もある（原・芦原，2008。表3-3参照）。この調査は、小中学校などで授業補助や子どもたちの支援等を行う学校ボランティアなどを対象に積極的に現場体験活動に参加する学生が多いのかを見た場合、一番左上の①にいる学生、すなわち絶対的にも相対的にも学力が高い学生がもっとも現場体験活動に参加している。原は彼らを①優等生タイプと名づけている。特徴としては「先生になりたい」という思いが大学入学時より強く、学校文化との親和性が強く、教師の仕事がどのようなものかを学ぶために現場体験活動に参加することが指摘できる。インタビュー結果からも、彼らの回答は「絶対に教師になりた

表 3-3　現場体験活動と学力との関係

中学＼高校	上位	中位	下位
上位	74.6 ① (135/180)	55.3 (52/94)	67.7 ② (42/62)
中位	53.6 (30/56)	46 (29/63)	73.3 (11/15)
下位	66.7 (14/21)	87.5 ③ (7/8)	46.2 (6/13)

(出所) 原清治・芦原典子 (2008)「実践的教員養成の効果に関する実証的研究 (Ⅱ) ―学校インターンシップと採用試験の結果に注目して―」日本教師教育学会第18回研究大会発表資料

い。そのための準備を大学生の早い時期にすることが必要だ」といった強い意志が読み取れる。

　次に，②は自分が教師に向いているのか，自信がないタイプである。このタイプの学生は自分に教員の適性がないと判断した場合，進路を変更することが多い。彼らの特徴としては，中学校で成績が上位だったにもかかわらず，高校での成績が急落してしまった，すなわち「絶対的な学力」は高いにもかかわらず，「相対的な学力」が落ちてしまった学生である。ゆえに，彼らは自分の自信を取り戻すために現場活動を行い，将来の採用試験対策として活動すると答える学生さえ存在していた。しかし，一方で彼らはその活動で「自分が教師に向いているか」を判断し，もし自分が「教師に向いていない」と感じれば，教職そのものを辞めてしまう場合もあった。これは，前述した自分の適性を見極めるために低賃金労働に従事する若者と共通する意識であるといえる。

そして，中学の成績は低く，高校で成績が上昇した，すなわち「絶対的な学力」は低いが高校での「相対的な学力」が上昇した学生においても現場体験活動に参加する学生が多く存在した。彼ら③は「できない子どもの代弁者タイプ」と名づけられている。彼らは中学時代に成績が振るわなかったため，教師とはしばしば対立経験があると指摘されている。その時の経験からかできない子どもを支援するために現場を志向し，「自分ならできない子どもの気持ちを理解できる」という自信をもっている。主に現場では不登校児に対するサポートや，特別な支援を必要とする子どもへの対応が多いとのことであった。学力移動の観点から考えると，彼らは中学卒業時であれば，このような現場体験活動に参加したとは考えにくい。周りからの「お前はダメなやつだ」という視線や，「絶対的な学力」の低さは学校への拒絶を生みやすいと考えられる。しかし，高校において「相対的な学力」が上昇したことで自分に自信が芽生え，現場体験活動に参加したいと思ったのではないだろうか。

　現場体験活動と教員採用試験の関係をみたものが表3-4である。教員採用試験には必ず筆記試験が課されるため，もっとも教員採用試験に合格するセルは当然ながら左上①のセル，すなわち「絶対的な学力」も「相対的な学力」も高い若者である。しかし，注目したいのは①の次に教員採用試験に合格する②および③のセルである。教員適性判断タイプのような学生やできない子どもの代弁者タイプであっても，現場体験活動に参加することで採用試験の結果に対してもある一定の効果をもっていることが明らかとなった。

　これらの先行研究から，中学から高校にかけて，個人の学力がどのように「移動」したのかが，卒業後の進路に関する意欲や学生の

表 3-4 教員採用試験の合否と学力との関係

中学＼高校	上位	中位	下位
上位	32.3 ① (23/62)	24.3 (9/37)	47.1 ② (8/17)
中位	38.5 (5/13)	16.7 (3/18)	40 (4/10)
下位	33.3 ③ (2/6)	33.3 (2/6)	0 (0/3)

（出所）原清治・芦原典子（2008）「実践的教員養成の効果に関する実証的研究（Ⅱ）―学校インターンシップと採用試験の結果に注目して―」日本教師教育学会第18回研究大会発表資料，2008年

ボランティア活動への参加意識を規定していることがわかるのである。

5．「学力移動」を学力研究の新たなフレームに

　以上のように，「学力移動」の観点から「使い捨てられる若者」や現場体験活動と関係を見てみると，次のような知見を得ることができる。
　ひとつめに，学力の移動がともなわない場合（図中の「上→上」のコーホートや「下→下」など）であっても，セルごとに子どもの人間関係が限定され始めていることである。塾調査からは，「塾で同じクラスの子と学校でも遊ぶことが多い」という言質や，通塾者同士であっても，エリート層とそうでない層が互いに「あいつらとは違う」と考えて異質感をもっていることなどから，セルごとにかな

りの同質性が高いことが指摘できる。

　2つめに，セルごとに就労意識やボランティアへの意欲にも違いがみられることである。こうした意識や意欲は，本来ならば個人の主体性や自主性に委ねられるものであるため，個人の嗜好によって大きな違いが生まれるはずだが，学力移動にあてはめることで，ある一定の共通性がみられる。それはセルごとに「共通した言語や文化，価値観」が存在することが原因となるのではないだろうか。

　それぞれの学力移動を詳細にみてみると，学力が上昇，もしくは下降移動するほど，メンタルな変化が起こりやすいことがわかる。たとえば「使い捨てられる若者」は中学から高校にかけて下降移動している若者から発生している。現場体験活動に参加するのは上昇移動した学生と下降移動した学生である。

　学力移動の観点から，学生の心理的な変化に注目した場合，中学の学力は下位であったが高校になって上中位になった上昇移動者には何事にも積極的な意識がみられた。たとえば「使い捨てられる若者」の中には学力の上昇移動者も存在していたが，彼らが「使い捨てられている」のは学力下降者のような「やりたいことがわからない」のではなく，「自分にあった仕事を探す」ためであり，正規雇用に就きたいと考える若者は多い。また，現場体験活動に対しても「できない子」に寄り添った指導をしたいという，あえて「しんどい子」に対する支援を志向する意識がみえ，現場体験活動そのものに対して積極的な姿勢がみられた。

　それに対して，下降移動者には否定的な意識がみられる傾向にある。「使い捨てられる若者」は中学時代の学力に関わらず，高校時代の学力が下位のグループに集中して「使い捨てられる若者」が多

くみられる。とくに、中学時に学力上位だったにもかかわらず、高校時に学力下位になってしまった若者が「使い捨てられる若者」全体の３割以上存在する実態は、社会から排除される階層である学力最下層から「使い捨てられる若者」が多く排出される欧米ではあまりみられない日本独特の特徴といえるだろう。また、現場体験活動に関しても「自分が先生に向いているかわからない」、「過去の自分を取り戻したい」といった教職に対する意識としてはあまり積極的な理由とはいえず、「とりあえず現場に出て、そこで適性を判断したい」と答えた学生の意見からは、もし現場で「自分は教師に向いていないな」と感じた場合、躊躇なく教職をあきらめてしまうだろう。こうした適性がわからない大学生の姿は、「自分が何に向いているのかわからない」使い捨てられる若者の姿と重なる部分が大きい。

　これまでの学力調査を俯瞰すると、小学校卒業の12歳、中学卒業の15歳、高校卒業の18歳の時点で定点的に学力を測定し、いつの時代の子どもがどのように学力をあげたのか、もしくは学力が下がったのか、といった議論がそのほとんどを占めていたのではないだろうか。ゆえに、本章で論じてきた進学にともなって学力が上昇したのか、下降したのかといった「学力移動」が問われることはほとんどなかったといってよい。たとえば、学歴社会に対する批判の典型例に、学歴は大学入学試験を受験する18歳から20歳頃の時点での学力をあらわすに過ぎないという指摘がある。若いときに獲得した学歴は、彼ら彼女らの将来の可能性を大きく規定するため、学歴が一種の身分となるという、いわば日本型学歴社会の副作用である。本来の学歴社会は生まれによって自分の将来が決定されていた

封建的な身分社会からの解放がその目的であったにもかかわらず，学歴そのものが新たな身分秩序を形成したのである。これまでの学力に関する議論は，「学力」の定義そのものや，ある時点での子どもたちの学力水準，すなわち絶対的な学力について盛んに論じられる傾向があった。その一方で相対的な学力について論じられる機会は非常に僅少であったと判断できる。しかし，絶対的な学力だけではみえてこない問題が，とりわけ子どもたちの将来を左右する進路意識において大きく影響するという実態がいくつかのデータから読み取ることができるのである。

6．いつの時代の，誰の「学力」を計測しなければならないのか

　最後に，今後，学力調査を行う上で重要な視点を2つ提示して本章のまとめとしたい。

　ひとつめになぜ学力が移動したのか，という視点が必要となる。PISAやTIMSSのような先進諸国全体の学力調査は確かに重要であるが，その一方である学校の調査結果をみた場合，それまで上位であった子どもが急激に低下したり，下位の子どもが急激に上昇したとしたら，彼らの学力移動の要因についても，教員や研究者は考察しなければならないだろう。それは単純に「保護者が経済的に立ち行かなくなった」「友達とけんかをした」「いじめられた」「好きな人ができた」というように子どもたちの個人的な事情であるかもしれない。もしくは，本章で明らかにしたような所属する学校の違いによる学力移動であるかもしれない。彼ら彼女らに対して，現場

の教員は速やかに対応する必要がある。これは子どもの学力向上のみならず，教員の学級経営の観点からみても重要なことだといえよう。こうした対策は，学校の平均点を算出するような学力調査では消えてしまうため，学校や地域といった大きな枠組みでとらえるのではなく，子ども一人ひとりの学力移動に注目する必要があると考えられる。

2つめにどのように学力移動が起こったのか，という視点である。学力移動の度合が急激なのか，ゆるやかなのか，どの程度上昇もしくは下降したのかという精緻な分析が必要となる。ここで留意したいのは，子どもたちや若者にとってより大きな問題は急激な下降移動である。「使い捨てられる若者」の研究からもわかるように，学力が下位に急激に移動することは，職業やボランティアそのものに対する意識を否定的にする傾向がみられる。したがって，もし大学を卒業する直前に，その学生がどのような学力移動をしたのか，中学からこれまでのものを把握することは，彼らに対するキャリア教育の内容を，より正確なものにするだろう。相対的な学力が高い学生には就業そのものへの意識が強いが，相対的な学力が低くなっている学生に同じ指導は通りづらく，かえって「大学は自分のことを何もわかってくれない」といった反発さえ生むことがありえる。

このような「誰が」「なぜ」「どのように」学力移動したのか，という分析を行うことは，今後の学力研究に新しい枠組みを提供することになるだろう。しかし，ここで留意しておきたいのは，全国学力調査において小学校は順位が高いにもかかわらず，中学校では順位を下げている都道府県があるが，そういった校種による順位差を分析するといったマクロな視点と同時に，個人レベルでの学力移動

とその要因を検証するミクロな視点をもつことである。本章での調査はあくまでミクロな視点から学力移動を論じているが、国や地方自治体においてはマクロの視点から学力移動を分析する必要があるだろう。それは、わが国のカリキュラム策定において重要な資料となり、子どもたちの学びの環境によりよい効果をもたらすのではないだろうか。

付 記
本章は1，2，3，4の学力移動の概念整理と学力研究への新たな分析フレームの提起の箇所を原が，5，6の学力研究の整理と調査データから導き出せる仮説の提示を浅田がそれぞれ分担執筆したが、その責任は両者が等しく負うものである。

注
1) 山内乾史・原清治（2010）『論集日本の学力問題（上巻）』日本図書センター，8-10頁。
2) 矢野眞和・濱中淳子（2006）「なぜ，大学に進学しないのか─顕在的需要と潜在的需要の決定要因─」『教育社会学研究第79号』85頁。
3) Barbara Ehrenreich（2001）Nickel and Dimed, Creative Management Inc.（曽田和子訳（2006）『ニッケル・アンド・ダイムド』東洋経済新報社，278頁。）

参考文献
生田武志（2007）『ルポ最底辺─不安定就労と野宿』筑摩書房。
伊田広行・岩川直樹・斎藤貴男編（2007）『貧困と学力（未来への学力と日本の教育第8巻）』明石書店。
岩田正美（2007）『現代の貧困─ワーキングプア／ホームレス／生活保護』筑摩書房。
佐藤学・澤野由紀子・北村友人（2009）『揺れる世界の学力マップ（未来への学力と日本の教育第8巻）』明石書店。
苅谷剛彦・志水宏吉（2004）『学力の社会学』岩波書店

苅谷剛彦（2007）「『学習資本主義』と教育格差：社会政策としての教育政策」社会政策学会編『格差社会への視座──貧困と教育機会──（社会政策学会誌第17号）』法律文化社，32-48頁．
苅谷剛彦（2008）『学力と階層』朝日新聞出版．
吉川徹（2006）『学歴と格差・不平等──成熟する日本型学歴社会』東京大学出版会．
小杉礼子・堀有喜衣編（2006）『キャリア教育と就業支援──フリーター・ニート対策国際比較』勁草書房．
小林由美（2006）『超・格差社会アメリカの真実』日経BP社．
白波瀬佐和子（2006）『変化する社会の不平等──少子高齢化にひそむ格差』東京大学出版会．
タノック，S. 著，大石徹訳（2006）『使い捨てられる若者たち──アメリカのフリーターと学生アルバイト』岩波書店．
田中耕治（2008a）『新しい学力テストを読み解く』日本標準．
田中耕治（2008b）『教育評価』岩波書店．
太郎丸博編（2006）『フリーターとニートの社会学』世界思想社．
堤未果（2008）『ルポ　貧困大国アメリカ』岩波書店．
日本教育社会学会編集委員会編（2007）「特集「格差」に挑む」『教育社会学研究』第80集．
ヘス，フレデリック・M.，フィン，Jr.，チェスター・E. 編，後洋一訳（2007）『格差社会アメリカの教育改革──市場モデルの学校選択は成功するか──（明石ライブラリー111）』明石書店．
山田昌弘（2007）『少子社会日本──もうひとつの格差のゆくえ』岩波書店．
山内乾史・原清治（2007）『論集日本の学力問題（上巻）』日本図書センター．
原清治・山内乾史（2010）『「使い捨てられる若者たち」は格差社会の象徴か』ミネルヴァ書房．
原清治（2007）「学力問題からみる社会的排除の構造──塾調査の分析における子どもたちのメンタリティに注目して──」『教育学部論集第18号』佛教大学教育学部
原清治・山崎瞳（2006）「学力問題からみた塾とその機能に関する研究」『佛教大学教育学部学会紀要第5号』を参照のこと
広岡亮蔵（1964）『授業改造』明治図書．
勝田守一（1964）『教育学入門〈第1〉能力と発達と学習』国土社．
苅谷剛彦（2001）『階層化日本と教育危機──不平等再生産から意欲格差社会（インセンティブ・ディバイド）へ』有信堂高文社．

第4章 現代の大学生の授業観・私語・学習成果

——旧世代新任教員の経験と質問紙調査との照らし合わせを通じて——

1. はじめに

　2011年4月，東日本大震災からの復興や原発事故の収束の形がまだ見えない中，筆者は新任教員としてX大学文学部教育学科で教鞭を執ることとなった。震災のため入学式も行われないこともあって新学期特有の晴れやかな雰囲気はなりを潜め，一種独特の焦燥感のようなものを孕みながら新学期がスタートしたのを覚えている。

　これまでも非常勤講師としてコンスタントに授業を受け持っていたのであるが，非常勤とあわせると週8コマの授業を担当するのは初めての経験であり，予想以上に大変な負担となった。本務校のX大学で担当した6コマは，バリエーションに富んだもので，受講者数はわずか2人のものもあれば，578人の大授業もあった。形式も，ほとんど講演会かというような大講義室での講義から，コンピュータ実習，ゼミ，それから担任として受け持つクラスのホームルーム機能を兼ねた授業に至るまで多様だった。

　学生もまた，きわめて多様。学力面をみても一瞬これが大学生の

ものかと思われる作文を書いてくる学生もいれば，大人びた小論が書ける学生もいる。また，学生文化の面でみても繁華街から飛び出してきたような派手な学生から今日日珍しいような地味な学生までがいる。それゆえ，授業のターゲットを絞ることなどが難しくなるものの，一方で刺激的で面白い環境であるように感じられた。実際，いろいろな試みをためすことができるやりがいある環境なのであるが，そうした余裕ができたのはごく最近のことであり，あっぷあっぷの状況で1年を過ごしたというのが正直なところである。

　1年間を振り返ってみると一定の手応えを感じる場面があった一方で，やはり現代の学生がどのような気質や意識をもっているのか，どのような働きかけが彼/女らに適合的なのかなど，まだ学生像を捉え切れていないというのが実感である。いわゆる「アラフォー世代」の筆者と現代の大学生の間には世代間ギャップが存在し，筆者（1995年大学学部卒）は，一昔前の世代に属している旧世代新任教員とみてよい。筆者には，大学での学びとは，高校までのそれとは違い，授業で与えられるものよりも自分で追究するものの比重が高いと考えたり，自分が主体的にある学問領域に興味をもつことができさえすれば，授業というのは副次的なものであるからして，すべての回に出席することは必ずしも重要でないと考えたりしてしまうところがある。だが，後述するように私が授業を担当している現代の大学生においては，このような考え方は支持されない傾向にある。また，当時は，15分遅れてきて30分早く終わるような授業を行う大学教員が少なからずおり，学生の側にもそれを歓迎する雰囲気があったように思われたが，いま筆者が担当している現代の学生を前にしてそれをすればクレームの対象になりかねない。

かつて遊び型キャンパスライフを満喫する学生の姿が批判の的となり，「大学のレジャーランド化」という揶揄的な表現で大学が語られることがあった。その背景には，受験勉強さえ終わってしまえば，大学で勉強せずにアルバイトやサークル活動などに明け暮れていても，企業がそうした学生を採用してくれる状況があったわけである。しかし，現代は，これとは対照的に「就職サバイバル」の時代ということができ，遊んでいたら正規労働への就職はままならないというように，大学生の間に一種のぴりぴりとした緊張感がある。また，文部科学省による「単位の実質化」というかけ声のもと，15回の授業をきちんと行うことが求められ，一定の出席回数をクリアしないと単位を取ることができないなど出席管理も厳しくなってきている。このように現代の大学は，脱大学レジャーランド化の動きのなかにあるとみてよいだろう。

　しかし，だからといって，現代の学生が学究的な気質をもった学生ばかりかといえば，そういうわけではないように思われる。少子化が進むなかで，大学合格率が80％に上るなど「大学全入」の状態が生起しつつあるからだ。選抜度の低い大学を中心に大学の授業を理解するための前提となる学力を欠いているような学生も一定数存在しているというのが実状であろう。入学時の状況でみれば，レジャーランド時代のほうが学力が高かった可能性も否めない。

　このように脱大学レジャーランド化の動きと大学全入の動きが交差しているのが現代の大学を巡る状況といえるだろう。とくに非銘柄大学の大学生ほど，2つの動きが交差する複雑な状況の中におかれやすいわけで，このことも手伝ってか，着任1年目の旧世代新任教員にとっては，学生の複雑な要求や意識・心性というものが実に

つかみにくかったのである。しかしながら，彼／女らの学生像や要求のありようを把握しておくことは，適切な働きかけや授業のあり方を見つける上で欠かせない。そこで本稿では，帝京大学文学部教育学科における筆者自身の経験と学科で実施した質問紙調査を照らし合わせつつ，現代の学生像をとらえる試みをケーススタディ的に行っていく[1]。

まず2節では，筆者が旧世代新任教員として1年間，授業を行う中でみえてきた学生像を奮闘記的に提示する。教員と学生，それぞれが前提としているものに一定の齟齬がある中で，なんとか現代の学生をとらえて適切に働きかけようとする新任教員の格闘があったといえるだろう。ここでは大人数授業と小人数授業でみえてきたものの違いを強調して学生の姿をみていきたい。

つぎに，以上の個人的経験からみえてきたものを比較的客観的なデータである質問紙調査を用いて捉え直す作業を行う。とくに，①修得志向（授業で必要なものをすべてあつかってほしいという考え方）を中心とした授業観，②大人数講義での私語について，そして，③最終的に学習のアウトカム（成果）が，どのような規定要因によって形作られているのかについて，数量的アプローチで分析していく。具体的には，学科のFD（ファカルティ・ディベロップメント）活動の一環として，X大学文学部教育学科で毎年行われている「学生生活実態調査」（教育学科の1～3年の学生922人を対象）を用いる。3節では，分析課題の設定と調査の概要について論じる。

これをうけて4節では，数量的分析結果を提示し，学生像やそこで起きていることを読み解いていく。

ところで「大学生の学力」というテーマにおける実証的なアプローチは，大別すれば２つの形態が考えられる。第一に，現在の大学生の学力の多寡を直接問題にし，その状態や規定要因を明らかにするものである。とくに学力低下論の系譜からは多くの調査・研究がなされ，「分数ができない大学生」（岡部・西村・戸瀬 1999）や「大学生の４人に１人は「平均」の意味を正しく理解していない」（日本数学会「大学生数学基本調査」『日経新聞』2012年２月24日）などセンセーショナルな報告も散見される。第二に，大学全入時代を前提とした上で，現代の大学生の学習経験がどのようなものになっているのか，彼／女らにどのような働きかけが有効かなど，今後の学力形成，能力形成のあり方を考えるのに資する研究である。本章で行う調査研究は，この第二のアプローチに位置づけられると考えられる。

これに加えて本研究は，教員レベルの作業をみれば，新任教員の個人の経験を質問紙データと照らし合わせることで，学生像をより深くとらえていくことをめざすという個人のFD活動としての側面ももっているということになる。

それでは，まず筆者の新任教員の経験を論じていくことからはじめよう。

２．新任教員としての一年

2.1 課題多き大人数授業

赴任前は，授業ができることを楽しみにしていたものの，実際に担当してみると一筋縄には行かなかった。

大人数の講義をして最初に感じたのは私語の多さだ。500人越えの授業は、まさにすし詰めで、とくに学期の最初は席がなくて教室の後ろに座り込んで受講する学生もいる。ある程度、ザワザワとしてしまうのは仕方がないかもしれないとマイクで私語をかき消すように講義をした。私語には波があり、学生がはっとするような内容を話しているときには静まりかえる時間もある。しかし、やや羅列的であったり、話が横道にそれたりしているときには、すぐにざわめきが大きくなる。授業に惹きつけているかどうかで、私語の多寡が如実に決まるわけであり、あながち学生のせいだけにはできないということになる。したがって、ざわめきがある程度に収まっていれば、注意はしないで授業を続けていた。

　しかし、授業のあとのリアクションペーパー（質問や感想等を書くコメントカード）をみて愕然とした。「授業の感想や要望を書いてください」と配ったのであるが、こちらが期待していたのは、今日の内容が理解できているのか、学問領域特有の考え方や現象の見方のおもしろさがどれくらい伝わったかなど、を知りたかったのであるが、当てが外れた。いわゆる「一行レス」（一言だけのレスポンス）のようなペーパーも散見され、授業内容ではなく私語と板書についてのみに言及したものも少なからず見受けられた。私語については「教室がうるさい」「私語が多すぎるのでちゃんと注意してほしい」「私語を注意しないので授業が聞こえない」など。筆者が受け持っている学生の特徴のひとつといえるのかもしれないが、私語が多い傾向がみられる一方で、他人の私語へのクレームも多い傾向がみられる。

　リアクションペーパーでは板書へのクレームも多かった。代表的

なものとしては,「字がきたない」「字が小さくて読みにくい」「単語だけ書くのはやめてほしい」「誤字が多い」「後から読んだときに授業内容がよくわかるような板書を心がけてほしい」など。このことは彼／女らが板書を重要視しているということを示している。その一方で,筆者などは大学の授業たるものは,すでに定まったものをわかりやすく伝授するというよりも,未だわからないものや新しい見方への追究を含んでいるのであるから,丁寧な板書で伝えるよりも,たとえば研究者の論考の抜き出しや論拠となったデータを提示することによって伝わるものが大きいのではないかと考える節がある。もちろん,これは概論や特殊講義など講義の種類によって違うと考えられるが,大学の授業において板書が授業の中核に位置づけられるなどと考えたことはあまりない。それにたいして学生たちは,きれいなノートを作成して後から振り返る,これを学習経験の中心に考えているきらいがある。

　さらに付け加えれば,授業後に質問をしてくる学生の多くは,出席や試験内容にかんするものであった。もちろん,幾人かの学生は鋭い質問や深められる内容を含んだ感想を寄せてくれたのであるが,大半は,「学生証を忘れてきたので出席をつけてください（X大学では学生証を教室の装置にかざすコンピュータ・システムが導入されている）」とか,「試験のやり方についてなんですが…」といった事柄についてである。この背景には,近年,出席を厳格に管理し3分の1以上欠席した学生には単位を与えないようにする方針が全国的に徹底されてきており,また,とくに教育学科においてはGPA（Grade Point Average: 成績を得点化して平均点を算出する）が2.2以上に達していなければ教育実習に行かせない仕組みが学年進行で導入

されており，学生の一大関心事になっていることがあげられる。

　このように授業を行う上で，予想したよりも私語（の管理），板書，出席といったところにかけるべき配慮や労力が大きいというのが率直な感想である。私語，板書，出席といったものは，どちらかというと副次的で些末なものにみえていたため，私語や出席を管理統制することは優先度の低いことのように思えていた。したがって「この先生は楽勝」と思った学生もいたようである。しかしながら，ある組織の人間になるというのはそういうことなのかと自分でも不思議に思うのであるが，徐々に感情レベルでの変化が生じてきた。授業中少し注意しても私語をやめない学生がいたり，「学生証のICが壊れていたみたいで，○日～○日までの5回分を出席にしてもらえませんか」などと申し出る学生がいたり（無論，証明があるなら別）すると，無性に教育的腹立たしさがこみ上げてくるようになり，厳しく対処するようになったのだ。板書についても，授業内容が減ったとしてもエッセンスを伝えることに集中して，なるべく板書を簡潔な文章で書くよう心がけた。そうするとしっくりした感覚を得られるようになってきたのである。

　もはや当たり前のことなのかもしれないが，大講義を行った経験から得た印象では，一部の学究的な学生をのぞいた多数の学生においては，「高校までとは違う大学ならではの追究的な学習」や「学問の薫陶を受ける」ことへの憧れや期待をもっていないように思われた。そして，その状況に適応してきている自分を感じる1年となったのだった。

2.2 対照的な小人数授業

　急いで付け加えると，これと印象が異なったのが小人数でのグループワークを中心とした授業である。グループワークをさせると，いくつかのグループでは手早く済ませてしまおうという態度で実習に臨むが，残りのグループは追究的に課題に取り組み，面白い題材を見つけたり，なるほどよく考えたなという切り口から発表を行ったりすることも少なくなかった。実際，東京大学やお茶の水女子大などで社会調査実習の授業にかかわった経験があるが，なかにはそうした大学の学生とくらべても遜色ない取り組みをみせる学生もいた。

　また，小人数の授業や実習を履修した学生は，キャンパスで会ったときに挨拶をしてくれる傾向にあった。新任の筆者の場合でも，小人数の授業においては，一定の和やかな学習の場が成立しているといってよいだろう。そうしたこともあり，学生たちに手をかければその分応えてくれる，という手応えを感じていたのだった。

　ただし小人数授業が楽かといえば決してそうではないし，問題も少なからずある。筆者がみたところ，グループワークの授業で最もこわいのが，何をしてよいかわからずグループ研究が座礁したような状況に陥ることである。そうなるとグループで集まっていても，話すことがなく場が沈滞し，やがて各自ケータイを取り出したり，全く研究と関係のない雑談が始まったりする。そうならないように教員は，各グループを回り，適宜，議論の題材を与えたり，ときには方向性や議論の落としどころを提供したりすることになる。30人の授業で5～6グループあると，1グループあたりにすると短時間に適切な刺激を与えないといけないことになるから，自分なりに

頭をフル回転させなければならず，授業が終わると相当に疲れていることがしばしばあった。ただし，どんなに頑張っても，すべての班に適切な方向性や落としどころを示唆できるわけではないので，必然的に成功と失敗の濃淡ができてしまうのだが。

　さきほど，東大生とくらべても遜色ない取り組みをみせる学生もいると指摘したが，総体としては，やはりX大生の取り組み方のほうが甘い傾向にあるといわざるを得ない。東大生やお茶大生の場合も研究が座礁することが当然あるが，さまざまな先行研究や参考文献，あるいはネットの情報を取り出しては，なにか方向性を見つけられないか，自分たちであれこれもがく。これにたいしてX大生（教育学科）の場合，ときに完全に受け身になってしまい，研究発表のお膳立てをすべてこちらにしてほしいというようなグループも現れることがある。頭の切れの良さというよりも，自分たちで探そうという態度の点でより大きな違いを感じることが多々あった。しかし，完全に受け身になってしまうのはほんの一部であり，グライダーのように，自力で離陸するのは難しくとも離陸のきっかけさえ与えれば，後は相当の距離を自分たちだけで飛んでいけるという，手応えが感じられた。

　X大生（教育学科）の場合，適切に手をかけられるかどうかで，学生自身の学習経験の豊かさに大きな違いが生じてしまうということができるかもしれない。筆者は，その意味で教員の学生にたいする働きかけのもつ意味は大きいと感じている。これが1年間の小人数授業を通じて得られた認識である。

3.「学生生活実態調査」データを照らし合わせる

3.1　分析課題の設定

　それでは，新任教員の目からみた学生の姿を質問紙調査データから照らし合わせる作業に入ろう。さまざまな分析課題を設定しうるところであるが，ここで昨今の大学教育の問題を参照しながら，主要な問題に焦点づけつつ分析課題を設定していきたい。

(1)〈分析課題 ①〉授業観を明らかにする～板書主義と修得志向

　まず，X大学・教育学科の学生の学習観のあり方を浮き彫りにすることが分析課題として考えられる。とくに大人数授業の経験を通じては，板書を重視する板書主義が広くみられる可能性が示唆されている。第一に，この点をみていくこととしたい。

　つぎに，なぜ板書の書き方への要求が高いかといえば，その背景に，きちんとしたノートを作成し，後から振り返るという学習を学生が重視していることがみえてきたのだった。これは，小学校から高校までの初等中等教育段階では一般的な学習法であるが，かつての大学においては板書はそれほど重視されておらず，講義をききながら学生が各自メモやノートをとるという形であった。旧来的には，授業を再現するというよりも，エッセンスをとらえることのほうが重要視されていたということになろう。この現象は，金子元久（2005）が指摘する修得志向と深い関係があると考えられる。全国規模の大学生調査の分析を通じて金子は，必要なものはすべて扱う授業が要求されていることを明らかにした。授業をきっかけとして，授業外に自分で深めるのではなく，授業を通じて必要なものを身に

つけたいとするあり方が修得志向である。X大学・教育学科の学生においても，この修得志向が確認されることは大いにあり得るところである。第二に，この点を確かめることとしよう。

　第三に，板書主義や修得志向がどの程度根強いものなのかについてみていく。これらは，たとえば学業へのコミットメントが高いものから低いものまで，広く共有されているのだろうか，それとも規定要因がはっきりしており，何か働きかけを行うことで変容させることができるのだろうか。修得志向の対極にあるものは追究志向と呼べるもので，筆者などは追究志向のほうが大学における授業観にふさわしいと考えてしまう。X大学教育学科の現代的な学生を追究志向に転換させる糸口はあるのだろうか。とりわけ修得志向―追究志向について規定要因分析を通じて明らかにしていくことを試みる。

(2)〈分析課題②〉私語をするのは誰か？

　大人数授業の経験からして，私語も重要な分析課題となり得る。ここでは，①質問紙調査においては，どの程度の割合で私語をよくする学生が確認されるのか，そしてより重要なこととして，②私語をするのは誰かを探る分析を行う。

　私語は，古くて新しい問題であり，新堀通也（1992）による先駆的な研究がある。そこでは，日本の大学において私語が噴出する土壌・文化がいかにできあがったのか，私語をしてしまう学生の論理，私語の指導の仕方などが論じられている。だが，筆者の授業などで問題になるのは，単に「授業を聴く意欲が低い」というだけでなく，深刻な学習遅滞を抱えたり，進路（ここではとくに教職に就くこと）を諦めたりした学生による構造的に発生する私語である。また，多

様な学生文化を内包している大学では，特定の学生文化を有する学生に私語がみられるといったことがあるのかを確認しておく必要があるだろう。これらの課題に取り組むため，私語の規定要因分析を行うこととしたい。

(3) 〈分析課題 ③〉アウトカム（学習成果）の規定要因

　大人数講義を通じてみえてくる学生の姿と小人数講義を通じてのそれとの間には大きなギャップを感じざるを得なかった。出席や成績（試験）へのこだわりが目立つ大人数講義と，とくに教員が適切に働きかけると追究的な取り組みがみられる講義，これら二種類の異質な講義を通じて学生は総体としてどのような学習経験を形成しているのだろうか。これらの授業がどのように学生の学習経験を形作っているのかには，直接迫れないものの，学習成果をみることによって，学習経験のいびつさのようなものを浮き彫りにすることができるのではないかと考え，アウトカム（学習成果）の規定要因分析を行うこととした。

　ここでは，① 専門教科の理解，② 学問のおもしろさを得ること，③ 成績の3つのアウトカムを取り上げ，それぞれの規定要因の違いを明らかにする。本来，あるべき姿は，専門教科の理解が進むことによって学問が面白く感じられ，さらに成績が上がるというような関係である。その関連性が強くなればなるほど，これらのアウトカムを規定する要因（誰が高いアウトカムを得るのか）に差異はなくなるはずである。ところが，ともすれば基礎学力を欠いたまま入学してきた学生において専門教科の理解が進まなかったり，成績のために出席するが授業からおもしろさを感じられないなどの弊害が

おきていれば、3つのアウトカムの規定要因に差異がみられるようになるのではなかろうか。この点に着目して、分析を行っていきたい。

3.2 「学生生活実態調査」調査概要

「学生生活実態調査」は、X大学文学部教育学科の1～3年生を対象とし、2011年6月～7月に実施した質問紙調査である。回答は、授業時間中に教室において集団自記式で行った。

表4-1に示すように回収数は922票となったが、そのうち58人が性別、入学年度、入学コースのいずれかに回答しておらず、これらの学生の基礎属性がとらえられなくなっているという限界がある。また、主な回答のバイアスとしては、2009年以前の入学者が240人、2010年入学者285人、2011年入学者339人となっており、入学年度の若い世代が多くなっている。とくに3年生については、いわゆる所属ゼミにあたる授業で行ったため、何らかの理由でゼミに所属し

表4-1 サンプル特性

入学年度	教育学専攻		初等教育コース		幼児教育コース		計
	男子	女子	男子	女子	男子	女子	
2007	1	0	0	0	0	0	1
2008	1	0	4	1	0	2	8
2009	41	23	48	56	17	46	231
2010	68	17	65	40	18	77	285
2011	81	17	96	68	17	60	339
計	192	57	213	165	52	185	864
欠損値（入学年度、学科・コース、性別のいずれかを回答していない）							58
N							922

表 4-2 回帰分析をする際の数値化処理

変　数	数値化の方法
ほとんど毎回出席する授業の割合	0～10割まで　整数値を答える設問だが，小数第一までの回答あり
単位取得ぎりぎりしか出席しない授業の割合	0～10割まで　整数値を答える設問だが，小数第一までの回答あり
読書（1ヶ月に読む本の冊数）	5件法：0冊＝0，1冊＝1，2冊＝2，3冊＝3，4冊以上＝4.5とした
修得志向ダミー	4件法：「A. 授業の中で必要なことはすべて扱ってほしい」か「B. 授業はきっかけであとは自分で学びたい」かを質問に「Aに近い」「ややAに近い」を1，「Bに近い」「ややBに近い」を0とした
教職への強い意志が失われた（ない）ダミー	2件法：はい＝1，いいえ＝0とした
高校時代よく勉強していた	4件法：あてはまる＝1.5，まあてはまる＝0.5，あまりあてはまらない＝-0.5，あてはまらない＝-1.5
優れた教員の考え方や生き方に触れた	4件法：あてはまる＝1.5，まあてはまる＝0.5，あまりあてはまらない＝-0.5，あてはまらない＝-1.5
（教員は）丁寧にアドバイスしてくれた	4件法：あてはまる＝1.5，まあてはまる＝0.5，あまりあてはまらない＝-0.5，あてはまらない＝-1.5
自主ゼミ・勉強会に参加した	4件法：あてはまる＝1.5，まあてはまる＝0.5，あまりあてはまらない＝-0.5，あてはまらない＝-1.5
授業中に私語をすることがある	4件法：あてはまる＝1.5，まあてはまる＝0.5，あまりあてはまらない＝-0.5，あてはまらない＝-1.5
板書が丁寧でない授業だと理解するのが大変だ	4件法：あてはまる＝1.5，まあてはまる＝0.5，あまりあてはまらない＝-0.5，あてはまらない＝-1.5
大学ではいつも友だちといる	4件法：あてはまる＝1.5，まあてはまる＝0.5，あまりあてはまらない＝-0.5，あてはまらない＝-1.5
髪の毛を明るい色に染めている	4件法：あてはまる＝1.5，まあてはまる＝0.5，あまりあてはまらない＝-0.5，あてはまらない＝-1.5
喫煙をする	4件法：あてはまる＝1.5，まあてはまる＝0.5，あまりあてはまらない＝-0.5，あてはまらない＝-1.5
女子ダミー	女子＝1，男子＝0
教育専攻ダミー	教育専攻＝1，それ以外＝0
幼児教育ダミー	幼児教育コース＝1，それ以外＝0
1年生ダミー	2011年入学者＝1，それ以外＝0
3年生ダミー	2009年以前の入学者＝1，それ以外＝0
学科・専攻の専門領域について，最先端の研究を含めた，理論的な理解	4件法：身についた＝1.5，まあ身についた＝0.5，あまり身についていない＝-0.5，身についていない＝-1.5
学問のおもしろさを感じること	4件法：身についた＝1.5，まあ身についた＝0.5，あまり身についていない＝-0.5，身についていない＝-1.5
成績（GPA）	0.0～4.0までの値

ていない学生を捕捉できていない。そうした学生は問題を抱えているケースが多くなる傾向にあるが，そうした学生が対象から漏れている可能性がある。そのほかについては，学科・コース，性別などに大きな偏りはみられない。

今回の分析を読み解く上で最も注意しなければならないことは，春学期の成績がつく前の6〜7月に行っているために，1年生における成績（自己評価）のデータがないことである[2]。ここでは成績変数が用いられている回帰分析等を行う際には，できるだけ1〜3年生全体のサンプルを対象とした分析を行うことを目指しつつ，必要に応じて2年生以上だけを取り出す分析を行うなどの処理を行った。このため分析は複雑さがつきまとうとともに，厳密には学生の学習経験の全体像を提示することが難しくなっている。ここに本研究がふまえなければならない大きな限界があるということになる。

最後に，多変量解析を行う際の各変数の数値化の方法を表4-2に示しておく。

4．分析結果

4.1　分析課題① 学習観を明らかにする　〜板書主義と修得志向

表4-3に基づき，まずは単純集計から板書志向と修得志向がどの程度広がりを見せているのかを数量的に把握していこう。

まず「板書が丁寧でない授業だと理解するのが大変だ」をみると，「あてはまる」と回答した割合が30.2%，「まあてはまる」回答した割合が39.6%となり，合計すると69.8%となる。約7割の学生が，丁寧な板書でないと理解が妨げられるという感覚をもっているとい

表 4-3　板書主義と修得志向（単純集計）

	あてはまる	まああてはまる	あまりあてはまらない	あてはまらない	無回答
板書が丁寧でない授業だと理解するのが大変だ	30.2%	39.6%	23.8%	6.1%	0.4%
	Aに近い	ややAに近い	ややBに近い	Bに近い	無回答
A. 授業の中で必要なことはすべて扱ってほしい ↓↑ B. 授業はきっかけであとは自分で学びたい	34.2%	48.8%	11.1%	4.0%	2.0%

うことになるのだ。板書主義は，一定の広がりをもっているとみることができるだろう。

　授業の場面のみでは修得志向がどの程度支持されているのかはみえてこないのであるが，板書主義よりも修得志向のほうが，さらに学生の間に広がっていることを示唆する分析結果がみられた。「A. 授業の中で必要なことはすべて扱ってほしい − B. 授業はきっかけであとは自分で学びたい」という対立する価値を設定し，あなたならどちらに近いかを訊いた設問に「Aに近い」とした割合をみると34.2%，「ややAに近い」として割合が48.8%となっており，合計すると83.0%に上っている。この質問項目は『全国大学調査』と比較できるよう同一のワーディングになっており，『全国大学調査』の単純集計値（全国平均）と比較してみると，この割合は73.3%にとどまっている[3]。『全国大学調査』の分析では，この73.3%という数値をもって修得志向の広がりが指摘されているのであるが，帝京大学の教育学科ではそれよりも10ポイントも高い数値というこ

表 4-4 板書主義と修得志向(クロス分析)

成　　績	選択肢	GPA 0〜1点台	2点台	3点台	
板書が丁寧でない授業だと理解するのが大変だ	あてはまる	41.9%	29.5%	30.2%	+
授業の中で必要なことは全てあつかって欲しい	Aに近い(あてはまる)	32.1%	32.5%	33.3%	N.S.
入 学 年 度	選択肢	2009年以前	2010年	2011年	
板書が丁寧でない授業だと理解するのが大変だ	あてはまる	30.5%	32.2%	28.8%	N.S.
授業の中で必要なことは全てあつかって欲しい	あてはまる	28.8%	33.6%	37.6%	N.S.

***：p<.001　**：p<.01　*：p<.05　+：p<1.0

とになる。全国レベルでみても修得志向が強いということがいえるだろう。

　つぎに基礎的なクロス表(表4-4)から板書主義や修得志向がどれだけ根強く定着しているのかを確認していこう。まず成績別に板書主義からみていくと、「板書が丁寧でない授業だと理解するのが大変だ」という項目で10%有意となっており、「あてはまる」と回答した割合が【(GPA) 0〜1点台】では41.9%となり【2点台】の29.5%、【3点台】の30.2%よりも高い割合となる傾向がみられる。成績が悪い学生で板書主義へのコミットメントがやや高まる傾向にあることがみえてきた。成績が良くなるに従って板書主義から脱却できる可能性が示唆されるところである。これにたいして修得志向では有意な差異はみられなかった。「授業の中で必要なことは全て扱って欲しい」に「Aに近い」(あてはまるに相当)と回答した割合

は,【0〜1点台】で32.1%,【2点台】で32.5%,【3点台】で33.3%となりほぼ同じ水準である。成績が悪い学生も良い学生も修得志向を有しているということが読み取れる。学年別にみると「板書が丁寧でないと…」,「授業の中で必要なことは…」ともに有意な差異がみられなかった。学年が上がり大学での学びに慣れるに従って板書主義から脱却し,修得志向から追究志向に変化していくという状況も考えられなくはないが,ここではそうしたことは明確には起きていないことがみえてきた。

　それでは,表4-5に基づき修得志向についてさまざまな変数を投入した規定要因分析の結果をみていこう。修得志向の指標は,すでに注にて言及したが,再度明確にしておく。ここでは「A.授業の中で必要なことはすべて扱ってほしい − B.授業はきっかけであとは自分で学びたい」という質問項目において「Aに近い」「ややAに近い」という回答を「1」,「Bに近い」「ややBに近い」という回答を「0」とした。

　まず,1〜3年までの全員を対象としたモデル1（成績変数を除外）をみると,社会科学で通常用いられる有意水準である5％水準で有意となった変数は,「板書が丁寧でない授業だと理解するのが大変だ」のみとなった。すなわち,板書主義であるほど修得志向が高まるということを指し示しているが,それ以外の項目は5％水準で有意な影響を及ぼしていないということになる[4]。成績を組み入れたモデル2（成績がついている2010年以前の入学者のみの分析）では,5％有意の項目はひとつもなくなっている。このように修得志向は,成績の善し悪しや出席の多寡などの要因に左右されないかたちで,X大学・教育学科の学生たちに受け入れられてい

表4-5 修得志向の規定要因
（修得志向ダミーを従属変数とするロジスティック回帰分析）

	モデル1 従属変数： 修得志向	モデル2 従属変数： 修得志向 ※2010年以前 の入学者のみ （成績がついて いる学生）
	偏回帰係数　B	偏回帰係数　B
ほとんど毎回出席する授業の割合	.032	.129
単位取得ぎりぎりしか出席しない授業の割合	.038	.018
読書（1ヶ月に読む本の冊数）	－.094	.082
教職への強い意志が失われた（ない）ダミー	－.474 +	－.105
高校時代よく勉強していた	－.208 +	－.310 +
優れた教員の考え方や生き方に触れた	.277 +	.182
（教員は）丁寧にアドバイスしてくれた	－.092	－.062
自主ゼミ・勉強会に参加した	－.107	－.088
授業中に私語をすることがある	－.055	－.089
板書が丁寧でない授業だと理解するのが大変だ	.275*	.217
髪の毛を明るい色に染めている	.044	.303
喫煙をする	.114	.206
女子ダミー	.537 +	.825 +
教育学科ダミー	.007	－.174
幼児教育ダミー	.534	.379
1年生ダミー	.224	
3年生ダミー	－.076	.030
成績（GPA）		－.545
Cox-Snell R Square	0.046	0.074
Nagelkerke R Square	0.078	0.122

るということがみえてきた。

4.2　分析課題② 私語をするのは誰か？

　私語について表4-6に示す単純集計からみていこう。「授業中に私語をしてしまうことがある」に「あてはまる」と回答した学生は7.9%にとどまる。また，「まああてはまる」も37.5%であるから，「あてはまる」と「まああてはまる」をあわせても45.4%となり過半数を超えるわけではない。これは筆者としてはやや意外に少ない数値に映るのであるが，よりうまく私語をコントロールしている教員が多いということなのかもしれない。とはいえ，「あてはまらない」の割合は15.1%であるから，残りの84.2%（無回答をのぞく）が何ら

表4-6　私語（単純集計）

	あてはまる	まああてはまる	あまりあてはまらない	あてはまらない	無回答
授業中に私語をすることがある	7.9%	37.5%	38.8%	15.1%	0.7%

表4-7　私語（クロス分析）

成績	選択肢	GPA 0〜1点台	2点台	3点台	
授業中に私語をすることがある	あてはまる＋まあ	62.9%	49.9%	35.3%	***
入学年度	選択肢	2009年以前	2010年	2011年	
授業中に私語をすることがある	あてはまる＋まあ	51.4%	51.1%	35.9%	*

*** : $p<.001$　** : $p<.01$　* : $p<.05$　+ : $p<1.0$

かの私語をしているともいえる。

　つぎに，表4-7に示すクロス分析の結果をみると，成績や入学年度（≒学年）と関係があることがわかる。成績との関係は明確で【(GPA) 3点台】の成績の良い学生では「あてはまる＋まああてはまる」の割合が35.3%にとどまっているのにたいして，【2点台】では49.9%となり，さらに【0～1点台】では62.9%と高い値を示している。学年との関係もみられ，【2011年】入学の1年生は35.9%にとどまっているのにたいして，【2010年】と【2009年以前】ではそれぞれ51.1%と51.4%となり，ある程度大学に慣れてくると私語が増加することが窺える。

　さらに，表4-8に示す私語の規定要因分析の結果をモデル1に着目して読み解いていこう。βの値がとくに大きいものからみていくと，「大学ではいつも友だちといる」（β=.279）が強く効いていることがわかる。友人がいなければ私語をすることが物理的に不可能になるのでβの値が大きくなっていると考えられるが，仲良しグループでいつも行動し，グループで同じ授業を受講するような学生で私語が盛んになることが窺える。関連して，「髪の毛を明るい色に染めている」学生たちも私語が盛んであることがみえてきた。いわゆる「ギャル」や「ギャル男」というような「系」の派手な学生たちが該当する可能性がある。特有の学生文化と私語の関係を示唆しているのかもしれない。

　「高校時代によく勉強していた」がマイナスの効果をもっている。すなわち，よく勉強していなかった学生で私語が多くなることを示しているのであるが，高校時代に勉強の習慣がない学生，ないしは，高校時代に勉強しなかったために授業を受ける前提の部分が欠如し

表 4-8 私語の規定要因（私語を従属変数とする回帰分析）

	モデル 1 従属変数： 「授業中に私語を することがある」	モデル 2 従属変数： 「授業中に私語を することがある」 ※2010年以前の 入学者のみ （成績がついて いる学生）
	標準化偏回帰係数 β	標準化偏回帰係数 β
ほとんど毎回出席する授業の割合	−.090*	−.042
単位取得ぎりぎりしか出席しない授業の割合	.016	.032
修得志向ダミー	−.015	.006
読書（1ヶ月に読む本の冊数）	−.050	.010
教職への強い意志が失われた（ない）ダミー	.028	.036
高校時代よく勉強していた	−.119***	−.102*
優れた教員の考え方や生き方に触れた	.006	.000
（教員は）丁寧にアドバイスしてくれた	−.008	−.002
自主ゼミ・勉強会に参加した	−.015	−.060
板書が丁寧でない授業だと理解するのが大変だ	.125***	.152***
髪の毛を明るい色に染めている	.118***	.093+
大学ではいつも友だちといる	.279***	.245***
喫煙をする	.005	.010
女子ダミー	.003	−.017
教育学科ダミー	−.078*	−.101*
幼児教育ダミー	.023	.054
1年生ダミー	−.143***	
3年生ダミー	−.004	.020
成績（GPA）		−.056
調整済み R Square	0.183	0.146
F	11.799***	6.006***

がちな学生がそれに当たる可能性がある。授業内容が理解できない学生が一定数存在し，出席の管理がすすんでいるために授業に出てこざるを得ないものの，授業に集中することが難しく私語に走っている可能性もある。同時に板書主義も私語を規定する要因として有意な効果をもっている。これも授業理解と関係していると考えられ，板書が丁寧でないと理解できない場合に私語が多くなることを示している。

　ほかには，1年生で私語が少なくなるほか出席率の高い学生で私語が少なくなっていることがみてとれる。読書や自主勉強会など自主的な勉強などが独立して私語の多寡に関係しているわけではなく，授業が理解できるか，授業にどのような友人と臨んでいるのかという側面が私語に結びついていると考えられる。

　モデル2は，2010年以前の入学者（ほぼ2年生以上の学生）を対象に成績を含み入れたモデルである。これだけ統制変数を投入すると，成績は独立して有意な効果をもっていないことがわかる。それ以外の規定要因はモデル1とほぼ同型とみてよい。

4.3　分析課題③　アウトカム（学習成果）の規定要因を探る

　表4-9に基づき，3つのアウトカム（学習成果）がどの程度達成できているのか，その分布を確認していこう。

　まず第一のアウトカムは，自分の専門領域についてどれくらい内容を理解できたと考えているのかである。「学科・専攻の専門領域について，最先端の研究を含めた，理論的な理解」が「身についた」と回答した割合は6.7%で，きちんと身についた学生は少ないといわざるを得ない。しかし，「まあ身についた」は54.6%となり，

表 4-9　アウトカム（学習成果）（単純集計）

	身についた	まあ身についた	あまり身についていない	身についていない	無回答
学科・専攻の専門領域について，最先端の研究を含めた，理論的な理解	6.7%	54.6%	34.9%	3.5%	0.5%
学問のおもしろさを感じること	20.1%	49.0%	26.4%	4.1%	0.4%

		GPA 0〜1点台	2点台	3点台
成績（※2010以前入学で回答したもののみ）	N=416	24.8%	60.1%	15.1%

そこそこは身についたと考える学生が半数に及んでいることがわかる。「あまり身についていない」も34.9%と少なくないが，「身についていない」は，さらに少なく3.5%にとどまる。

　第二のアウトカムは，「学問のおもしろさを感じること」である。厳密な意味ではアウトカムに含めるべきか否かは議論のあるところかもしれないが，少なくとも「学問のおもしろさ」は，大学教育を通じて学生に与えられるべきものと位置づけることができるだろう。分布をみていくと，「身についた」が20.1%となり専門領域の理論的理解よりも高い数値となっている。「まあ身についた」の49.0%とあわせると69.1%の学生がある程度「学問のおもしろさ」を感じていることがわかる。「身についていない」は，4.1%となり，ここでも低い数値にとどまる。

　第三に学習到達度の指標たる成績（自己申告）の分布も確認しておきたい。近年の大学教育では，厳格に成績をつけることが求められており，X大学もその例に漏れず，AやSを乱発するということはない。実際，GPA（S：4点，A：3点，B：2点，C：1点として平均値を計算）の分布は，「3点台」の学生の割合が15.1%，「2点

台」の学生が60.1%,「0～1点台」の学生が24.8%となっている。実際の分布（ヒストグラム）を示すことは控えるが，やや下にロングテイルとなった分布であり，平均値は2.35, 標準偏差は0.61となっている。

　これらの3つのアウトカムの変数の間には一定の相関関係が確認される[5]が，表4-10に示すように規定要因には共通性と差異があることがわかる。その規定要因のあり方から帝京大学・教育学科の学生の学習経験の特質を読み解いていこう。

　3つのアウトカムのすべてに有意に効いているのが「教職への強い意志が失われた（ない)」である。おそらくモチベーションが著しく低下してしまうのだろう，学習成果も低いものとなることがみえてきた。

　高校時代によく勉強していたという項目は，「成績」と「専門領域の理論的理解」の2つのアウトカムに有意に利いている。入学前の勉強の状況が大学での学習の成果を規定していることになるが，大学教育を受けるための基礎ができていない場合，学習についてこれないということが考えられる。ただし，この項目は「学問のおもしろさ」には有意な影響を及ぼしていない。「学問のおもしろさ」については高校時代のレディネスのいかんにかかわらず学生に伝えることができる可能性があることを示唆している。

　その「学問のおもしろさ」に有意に効いているのが「優れた教員の考え方や生き方に触れた」「丁寧にアドバイスしてくれた」といった教員からの働きかけにかかわる項目である。これらの項目は「専門領域の理論的理解」にも効いており，筆者が小人数講義で感じた手応えに符合するように思われる。手をかけた分，学問のおもしろ

表 4-10 アウトカム（学習成果）の規定要因（3つのアウトカムそれぞれを従属変数とする重回帰分析）

	従属変数: 「学科・専攻の専門領域について、最先端の研究を含めた、理論的な理解」 標準化偏回帰係数 β	従属変数: 「学問のおもしろさを感じること」 標準化偏回帰係数 β	従属変数: 成績（GPA） 標準化偏回帰係数 β
ほとんど毎回出席する授業の割合	.043	.061	.319***
単位取得ぎりぎりしか出席しない授業の割合	-.035	-.098***	-.080+
修得志向ダミー	-.063+	-.077*	.008
読書（1ヶ月に読む本の冊数）	.068+	.065*	.031
教職への強い意志が失われた（ない）ダミー	-.151***	-.136***	-.106***
高校時代によく勉強していた	.110***	.048	.143***
優れた教員の考え方や生き方に触れた	.088*	.192***	.018
（教員は）丁寧にアドバイスしてくれた	.127***	.178***	-.032
自主ゼミ・勉強会に参加した	.091***	.047	.034
授業中に私語をすることがある	-.068*	-.028	-.050
板書が丁寧でない授業だと理解するのが大変だ	-.031	-.062+	-.019
髪の毛を明るい色に染めている	.014	-.032	-.098*
喫煙をする	.050	-.002	-.099*
女子ダミー	-.040	.039	.182***
教育学科ダミー	.021	-.032	.028
幼児教育ダミー	.103***	-.031	-.040
1年生ダミー	.049	.012	.012
3年生ダミー	.103***	-.034	.170***
調整済みR Square	.119	.218	.314
F	7.506***	14.372***	15.121***

さに導いたり，専門領域の理論的理解を促進させたりすることができるという先に述べた感覚である。

　読書もまた「専門領域の理論的理解」と「学問のおもしろさ」にプラスに効いているが，成績には有意な影響を及ぼしていない。読書をすることによって専門領域の理論的理解や学問のおもしろさを感じることができたとしても，そのことと成績を上げることには一定の距離があることを意味している。修得志向 - 追究志向の影響のあり方もこれと同型であるようだ。「学問のおもしろさを感じること」には修得志向がマイナスの影響を及ぼしており，このことは追究志向の人が学問のおもしろさを感じとりやすいことを意味していると考えられる。しかし，追究志向は成績には有意な影響をもっておらず，追究志向だからといって成績が上がるわけではないということのようだ。さらに成績にかんしてみていくと，教員からのアドバイスといった働きかけや自主ゼミへの参加といった自主的な学びは，成績を上げることには有意な貢献をしていないということになる。

　成績を上げる要因は別にあり，出席回数が有意な影響を及ぼしている。「ほとんど毎回出席する授業の割合」は，β値が最大となっていることからわかるように出席は他の要因よりも大きな効果をもっているし，10％水準ではあるものの「単位取得ぎりぎりしか出席しない授業の割合」が高い人は成績が低くなることを示している。大人数授業において学生の出席に対するこだわりが大きいことがうなずける結果である。付言すれば，毎回出席する授業数を増やしたとしても「専門領域の理論的理解」を進めたり，「学問のおもしろさ」を感じることに直接結びついているわけではないことも分析結果から読み取ることができる。これも成績を上げることと理論的理

解を促進させることとの間に横たわる溝があるということなのかもしれない。また,「単位取得ぎりぎりしか出席しない授業の割合」が「学問のおもしろさ」にマイナスの影響を及ぼしているが,最低限の労力で要領よくこなそうという志向性の学生は学問のおもしろさを感じ取りにくいということを指し示している可能性がある。

　最後にもう一点だけ成績の規定要因について言及すれば,「髪の毛が明るい色に染めている」と成績にマイナスの効果があり,また喫煙もマイナスの効果をもっていることがみえてきた。特定の学生文化に関与する学生で成績が上がっていないことをしめしているかもしれない。また,女子は成績が男子よりもいい傾向にある。専門領域の理論的理解等に性別は有意な影響を及ぼしていないのであるが。

5. 結　語

　以上の分析では,X大学・教育学科を事例として,脱大学レジャーランド化の動きと大学全入化の動きが交差する地点における学生の学習経験とはいかなるものなのか,その一端を明らかにする試みを行ってきた。以下,分析を通じてみえてきたことを整理していこう。

　第一に,X大学・教育学科の学生において,授業中に必要なものをすべて扱ってほしいという修得志向が広まっていることが明らかになってきた。

　このとき大学は,学生の要求どおりに板書を含めて綿密に用意をし授業をシステマティックな形にしていくべきなのだろうか,それ

とも修得志向の広まりは現代の学生が主体的な学習ができなくなったり，あるいは，中高生の延長として「生徒化」してきているとみたてて，むしろ学生の志向を転換させる働きかけをしていくべきなのだろうか。これは現代の大学教育の重要な課題のひとつと考えられる。

ひとついえることは，修得志向の広まりを学生が変容したからだというようにとらえれば，これは確かに，主体性の欠如や「生徒化」としてみえなくもない。しかしながら，原因はそれだけに還元できるものではないだろう。近年の大学における単位の実質化（15週の授業時間数の確保）や出席管理の厳格化といった状況もまた学生の修得志向を補強していくものとしてとらえられる。いわば学生を授業に縛りつける方向の施策が進んできているのであり，授業に縛りつけられる学生サイドとしては，そうである以上，学生の理解を促進するための工夫がされていない授業などは，許し難いということになっても仕方がないかもしれない。ここでは，大学が学生を教え込む方向を選ぶのならば，学生がそれなりにシステマティックな授業やカリキュラムを要求してもおかしくはないはずである。少なくとも，大学改革の近年の動向と（修得志向から導き出される）学生の要求とは同一の方向性を有しているとみることができるだろう。

第二に，しかしながら，学生の学習経験の規定要因をみていくと学生に授業に縛りつけることの効果は限定的であることがみえてきた。成績にたいしては，授業に出席することが有意な影響を及ぼしており，出席をすれば成績が上がることを意味している。その一方で，「専門領域の理論的理解」については授業への出席が有意な効

果をもっていない[6]。授業に出席することによって成績は上がるかもしれないが，実質的に学習成果が身についたかどうかはわからないということを示しているといってよい。

さらに「学問のおもしろさを感じる」ことにたいしては，単位ぎりぎりの出席がマイナスの効果をもっていることがみえてきた。出席管理が進むなか，最低限の労力で効率的に単位をとろうとする学生も当然現れることが予想されるが，そうした学生は「学問のおもしろさを感じる」ことから疎外されることを意味している。

「専門領域の理論的理解」や「学問のおもしろさを感じる」などの実質的な学習成果は，読書や教員からのアドバイスなどによる効果が大きいという分析結果が得られたが，これらは成績については有意な効果を有していない。

このように出席をめぐる皮肉な状況が生起しているのであるが，その一方で教員による学生への働きかけは，実質的な意味をもっているということがみえてきた。

第三に，高校以前の学習の効果と教職を断念した負の効果については言及しなければならない。高校以前の学習とは，いわば大学教育を受けるレディネス（準備）ということになるが，この効果は大きく，アウトカムや私語等に大きな影響をもっていることがみえてきたのである。本来，レディネスにかかわらず一定のアウトカムを得ることができるというのが大学教育の目指すものであるが，現在では難しいことがわかる。教職を断念した（教職に就く強い意志がない）学生のモチベーションの低さもみえてきた。アウトカムは縮小し，私語が増えるということになる。これは格闘すべき大きな課

題ということができる。

　第四に私語についてみていくと，とくに勉学から疎外された学生から構造的な私語があるということがみえてきた。授業中の私語の統制をどうするかという問題以外に，勉学から疎外されてしまう学生にどう働きかけていくのか，というより大きな問題があるということを示している。

　また，髪を明るい色に染めている学生で私語が多いこともわかってきたが，これは授業を工夫して対応していくしかないだろう。

　以上の知見を個人FDとしてとらえた場合，筆者は何をすべきなのだろうか。最後にこの点に言及したい。

　まずは，教員のアドバイスの効果があることがみえてきたわけであるから，とくにゼミや実習形式などでは積極的に学生と対話の機会を設け働きかけを行っていく必要があるということになるだろう。また，大人数授業でも学生の読書を活発にするために，今よりも本を紹介していく機会を増やすことが考えられる。

　それから，学生の学習成果にたいする高校以前の学習の効果が大きいことを述べたが，例外的に「学問のおもしろさを感じること」には，高校以前の学習が効いていない。理論的な理解ならば，高校以前の学習の影響を無視することはできないが，自分の専門に引きつけていえば教育社会学の考え方のおもしろさを伝えるということには，高校以前の学習が効かないかもしれない。まずは，こうしたところを導入にしつつ学問の世界へと誘うやり方が考えられるのではなかろうか。

　しかしながら，こちらのほうが重要なのかもしれないが，個人的

活動では対応できない部分も大きいこともわかってきた。教職を断念した学生へのフォローや入学時点ですでに大学教育を受ける前提となる土台を有していない学生への対応については、一人の教員でどうなるものでもない。また、修得志向―追究志向の問題、すなわち授業は主体的な学びのきっかけなのか、学習過程そのものなのかについては、ある程度、学科単位での議論をしてある程度のコンセンサスを確立すべきものであるように思われる。

〈付言〉 X大学文学部教育学科に入学してくる学生の多くが教員・保育士志望で入学してくる。卒業生の進路をみると、小・中・高教員については2012年3月卒業生で教員採用試験に合格して正規教員に採用されたものは2桁台後半に到達し（内訳は小学校教員が大多数である）、その意味では学科設置の主目的の一つである教員養成においてみるべき成果をあげてきている。保育士・幼稚園教員についてはいわゆる売り手市場の状況にある。しかしながら、教育学科全体でみると中途で教員志望を断念し、進路変更を行う学生が多い。そのため一人ひとりの学生の多様なニーズにどう対応するか等について検討した結果、教員養成をいっそう充実させるとともに、カリキュラムを多様化・柔軟化し、教員数を増やして学生の多様なニーズに応えるべく、X大学文学部教育学科は2012年4月からX大学教育学部として新たなスタートをきることになった。

注
1）「学生生活実態調査」を用いた本研究の分析は、大多和（2012）の帝京大学文学部教育学科紀要に掲載のものをベースにして発展させ、規定要因分析（多変量解析）を行ったものである。
2）将来的には、学務データとの照合がなされる可能性があり、それをふまえて分析は基本的に1年生を含めて行った。したがって、成績変数が用い

られている回帰分析等を行う際には，必要に応じて2年生以上だけを取り出す分析を行ったり，1年生の成績の欠損値を平均値で置き換えるなどの処理を行った。
3) 東京大学大学経営・政策研究センターが2007年に実施した『全国大学調査』(http://ump.p.u-tokyo.ac.jp/crump/cat77/cat82/) の基礎集計 (http://ump.p.u-tokyo.ac.jp/crump/resource/kiso2008_01.pdf) に基づく。
4) 参考までにモデル1で10％水準で有意となった項目をみていこう。傾向があるという解読にとどめておく必要があるが，高校時代によく勉強していない人は修得志向が強い傾向にあり，また，女子では男子よりもその傾向が強くなる。意外かもしれないが，教職への強い意志がある場合には，修得志向が強まることを意味している。教職課程が，ある程度修得すべきことのセットでできあがっているとすれば，それを修得したいという学生の意識が反映されている可能性がある。「優れた教員の考え方に触れた」という経験をした学生も修得志向を強めているが，この解釈は難しい。
5) 3つのアウトカムの間の相関関係を示すと，相関係数の大きさは以下のとおりとなる。
　　成績（GPA）と「専門領域の理論的理解」が0.128，成績（GPA）と「学問のおもしろさを感じること」が0.228，「専門領域の理論的理解」と「学問のおもしろさを感じること」が0.382となる（いずれも1％水準で有意）。
6) 単回帰分析を行った結果をみると，確かに授業への出席は「専門領域の理論的理解」に有意な効果をもっているのであるがRSquare値は0.009となる。このことは「専門領域の理論的理解」の分散の1％弱を説明するにすぎないことを示している。それにたいして成績にたいしては，授業への出席はRSquare値は0.192と大きな値になっている（成績の分散の19.2％を説明する）。

参考文献

岡部恒治・西村和雄・戸瀬信之編著（1999）『分数ができない大学生―21世紀の日本が危ない』東洋館出版。

新掘通也（1992）『私語研究序説―現代教育への警鐘』玉川大学出版部。

金子元久（2005）『大学の教育力―何を教え，学ぶか』筑摩新書。

大多和直樹（2012）「FD活動としての質問紙調査の意義と試み―帝京大学文学部教育学科における2011年度学生生活実態調査より―」帝京大学文学部紀要（37）139-150頁。

第5章 短期大学の現状と学生の実態
——短期大学生の資質とその志向——

高橋　一夫

1．はじめに

　転換点に立たされている日本の大学について，数多くの議論がなされている。それは「大学全入時代」や「大学のユニバーサル化」などのキーワードが，陳腐化したように感じるほどである。改革や改善が当然のことのように求められるなか，各大学は建学の精神に立ち返り，高等教育機関としての存続を賭けてさまざまな取り組みを行っている。

　たとえば，大学における3つのポリシーがホームページにも掲載されるなど，明確に表明されることが一般的になってきている。3つのポリシーとは，アドミッション・ポリシー，カリキュラム・ポリシー，ディプロマ・ポリシーを指している。具体的には，大学が求めている人材が「どのような学生なのか」，人材を育成するために「どのような講義を提供するのか」，そして，社会に対して「どのような人材を輩出するのか」を明確にし，公表するということである。

　確かに，3つのポリシーが整い大学の存在意義が明確になれば，

社会一般からも高等教育機関として認知が深まるといえる。しかし，それだけで入学生が集まるほど，物事は単純ではない。結局のところ，多くの大学では「どのように入学生を確保するのか」，また「どのように在学生を卒業させるか」の2点について，さまざまな努力を続けなければならない状態であるといえる。

まず，入学生の確保は，大学においてまさに経営に直結する大きな課題である。そのため，大学の特色を謳い上げた美しいパンフレットを作成し，多種多様な催しを企画する。オープンキャンパスでは，わかりやすくインパクトのあるキャッチフレーズを用い，大学キャラクターをあしらった限定グッズを配布する。また，大学教職員が高校に出向き，進路担当者や生徒に対して説明会を行うなどの努力もなされている。

また，学生確保と同様に重要視されているのが，在学生の就職指導である。就職内定率を上げるために，初年次の段階から社会人としての一般教養の重要性を説き，就職活動に関わるノウハウの伝授が行われる。また，大学側では企業などとの連携を図り，就職先の確保を進めている。

2．調査データからみる短期大学の現状

以上は，一般的に四年制大学の状況として知られている。それでは，短期大学の現状はいかなるものなのだろうか。結論からいえば，短期大学の現状はさらに深刻である。もちろん，四年制大学が展開するさまざまな取り組みは，短期大学においても同様に実施されている。しかし，高校生の四年制大学志向は強く，高校の進路担当者

との情報交換でも，短期大学を志望する学生の減少傾向は痛感されるところである。

さらに，入学生の確保が困難になってきている状況にあって，短期大学に在学している学生の資質とは，どのようなものなのだろうか。四年制大学の学生とは異なる，短期大学生にしかみられない傾向があるのだろうか。そこで本論では，現在の短期大学生の資質について考察したい。その手掛かりとして，まずは短期大学がおかれている現状について概観する。その上で，学生の実態について学力面や生活面からとらえることにする。

また，本論では大きく2つの調査を活用する。ひとつは，現在の短期大学の置かれている状況を理解するためのものであり，いまひとつは，短期大学生の実態を理解するためのものである。まず，短期大学の置かれている状況を理解するために，日本私立学校振興・共済事業団の私学経営情報センターがまとめている「私立大学・短期大学等入学志願動向」を活用する。これは，日本の私立大学および短期大学の志願者・入学者等に関するさまざまな統計データがまとめられたものである。

次に，短期大学生の実態を把握するために，短期大学基準協会の「短期大学学生に関する調査研究―2009年JJCSS調査全体結果報告―」[1]を活用する。これは，短期大学の自己評価に資する学生調査の開発を目的に，2008（平成20）年度から実施されたものである。現在の短期大学生の実態を把握する上で重要なデータが示されている[2]。

本節では，短期大学の置かれている状況を概観し，次節において短期大学生の実態についての考察を行う。

2.1 四年制大学を取り巻く状況

短期大学の置かれている現状を理解するためにも、まずは四年制大学の現状を概括してみたい。「平成23（2011）年度私立大学・短期大学等入学志願動向」から、日本の私立四年制大学572校の現状が理解できる。

まず、「どのように入学生を確保するのか」という問題の状況が、如実に現れている入学定員充足率に注目したい。データによれば、平成23年度の入学定員充足率が100％未満の大学は、572校のうち223校（39.0％）であるという。この結果は、調査に参加した日本の私立大学の4割が入学定員を満たしていない、ということを示していることになる。

確かに、「どの程度、充足率が満たないのか」についても考慮する必要がある。また、入学定員充足率100％未満の割合が最多となった平成20年度（47.1％）に比較すると、状況が改善されていることにも言及しなければならない。

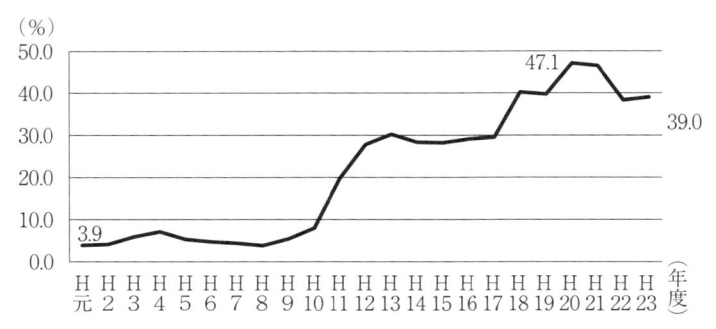

図5-1　入学定員充足率が100％未満の大学の割合

（出所）「平成23（2011）年度私立大学・短期大学等入学志願動向」より作成

しかし,平成元年の調査では,入学定員充足率が100％に満たなかったのは358校中14校（3.9％）であったことを考えると,入学定員を満たすことができない大学の割合が,この20年間で大きく上昇していることが理解できる（図5-1）。自明ながら,入学定員を充足できるか否かは,大学の経営に大きな影響を与える。そのため,各大学ではできる限り入学定員を満たすために,入学選抜試験での合格者の増加を図る。つまり,入学選抜試験での合格率の上昇は,大学経営の側からいえば,やむにやまれぬ状況の結果であるといえる。

加えて,図5-2からは,志願倍率が1倍台の大学が多いことがわかる。しかし同時に,9倍を越える志願倍率を誇る大学も13.5％存在している。つまり,志願倍率において,大学間で大きな格差が生じているのである。実は,志願倍率が高い大学は,入学定員数の多い大学,言い換えれば大規模校であることがわかっている。つまり,小規模校ほど入学希望者を集めることが難しいのである。そのため,

(単位：％)

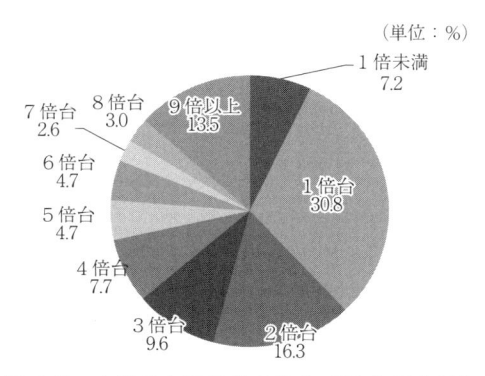

区分	割合
1倍未満	7.2
1倍台	30.8
2倍台	16.3
3倍台	9.6
4倍台	7.7
5倍台	4.7
6倍台	4.7
7倍台	2.6
8倍台	3.0
9倍以上	13.5

図5-2　大学の志願倍率の分布（平成23年度）

(出所)「平成23（2011）年度私立大学・短期大学等入学志願動向」より作成

小規模の大学ほど志願倍率が低く,入学者選抜試験での合格率が高い傾向にあるといえる。

図5-3は,大学における入学選抜試験の合格率の分布を示している。このデータからは,入学選抜試験合格率が90％台の大学が22.0％と,最も多くなっていることがわかる。加えて,合格率が100％の大学も存在していることが理解できる。入学生の確保が難しい状況が,如実に現れていると指摘できる。

志願倍率が低い大学では,できる限り入学生を確保したいところである。しかし,入学選抜試験で可能な限り合格判定を出したとしても,併願の場合では,すべての学生が入学するとは限らない。そのため,入学生を増やすためのさらなる努力が必要となる。

以上が,日本の四年制大学の置かれている現状の一端である。入学希望者を集めることが難しく,経営努力が求められている現状が見て取れる。

(単位：％)

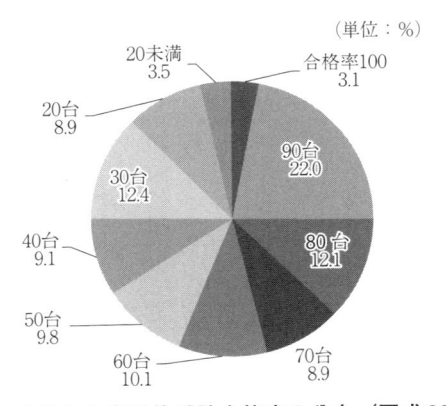

区分	割合
合格率100	3.1
90台	22.0
80台	12.1
70台	8.9
60台	10.1
50台	9.8
40台	9.1
30台	12.4
20台	8.9
20未満	3.5

図5-3 大学の入学選抜試験合格率の分布(平成23年度)

(出所)「平成23 (2011) 年度私立大学・短期大学等入学志願動向」より作成

2.2 短期大学における入学生の確保

前節では,四年制大学の現状を概観したが,次に短期大学の現状をみたい。入学定員の充足問題は四年制大学においても大きな課題であるが,短期大学ではさらに深刻な状態である。上述の動向調査によれば,入学定員充足率が100％未満の短期大学は,338校のうち225校(66.6％)であるという(図5-4)。

図5-1の大学の状況と比較すると,その状況の深刻さが理解できる。平成12年度を境に,一時的には改善傾向にあった入学定員充足率が,平成17年度以降大きく悪化している。平成21年度よりは改善しているものの,調査に参加した短期大学の6割以上が,入学定員を充足できていない状況が続いている。

また,志願倍率では,四年制大学の状況とは大きく異なり,1倍台が約半数を占める結果となっている。加えて,志願倍率が1倍未満である短期大学も約40％に上り,非常に厳しい現実が窺える

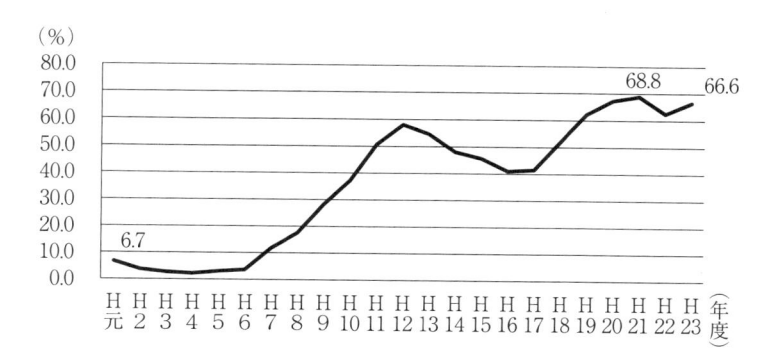

図5-4 入学定員充足率が100％未満の短期大学の割合

(出所)「平成23(2011)年度私立大学・短期大学等入学志願動向」より作成

（図5-5）。

　当然のことながら，志願倍率が1倍に満たない場合，全志願者が入学したとしても入学定員を充足しないことになる。つまり，入学者を募集しながらも，学校の存続が危ぶまれる状態に陥っている短期大学も存在している可能性があると指摘できる。

　さらに，図5-6の短期大学における入学選抜試験の合格率を確認すると，90％台が46.4％と最も多くなっている。それは，四年制大学の場合の22.0％と比較すると2倍以上にあたる。加えて，合格率100％である短期大学の割合も20.4％に達している。

　この結果は，入学選抜試験は実施されるものの，志願者の全員を入学させなければ，運営に行き詰る可能性がある短期大学の存在を浮き彫りにしている。

　次に，志願倍率と入学定員充足率の関係をみると，学科系統により差があることがわかる（図5-7）。志願倍率が最も高いのは保健系

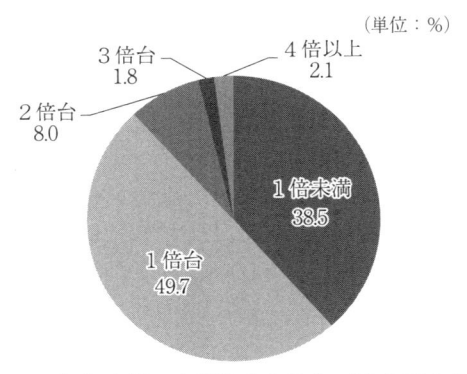

図5-5　短期大学の志願倍率の分布（平成23年度）

（単位：％）
- 1倍未満　38.5
- 1倍台　49.7
- 2倍台　8.0
- 3倍台　1.8
- 4倍以上　2.1

（出所）「平成23（2011）年度私立大学・短期大学等入学志願動向」より作成

であり、次いで人文系、教育系となっている。保健系とは看護学科など、主に看護士資格の取得をめざす学科であり、人文系とは英語科や英語コミュニケーション科など、外国語の習得を目指す学科が中心となっている。また、教育系は、幼児教育学科など、主に幼稚園教諭免許や保育士資格の取得をめざすものである。

いずれも免許や資格の取得に繋がる学科であり、将来の就職に直

(単位：%)

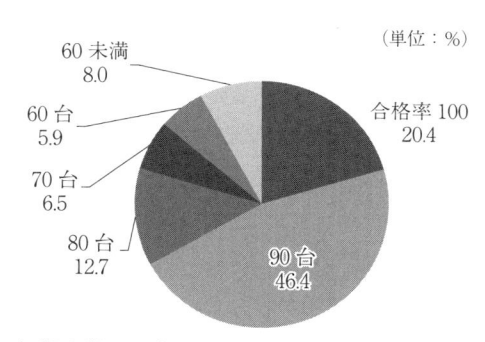

60未満 8.0
60台 5.9
70台 6.5
80台 12.7
90台 46.4
合格率100 20.4

図5-6　短期大学の入学選抜試験合格率の分布（平成23年度）

（資料）「平成23（2011）年度私立大学・短期大学等入学志願動向」より作成

入学定員充足率
志願倍率

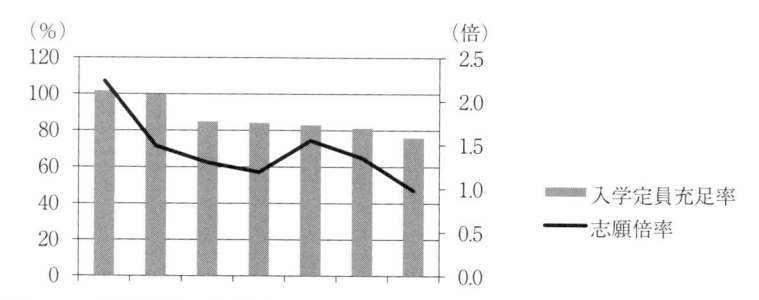

図5-7　短期大学の学科系統別志願倍率と入学定員充足率（平成23年度）

（出所）「平成23（2011）年度私立大学・短期大学等入学志願動向」より作成

結しやすい学科であることがわかる。そのため、入学を希望する学生の目的意識が、他の学科系統よりも明確であるともいえる。特に保健系と教育系に関しては、入学定員充足率が100％前後となっているが、将来の就職を見越した学生が集まっていることがその背景にあると考えられる。

図5-8の短期大学の分野別学生数の比率は、平成23年度学校基本調査（速報版）によれば、教育分野の占める割合が33.1％と最も多くなっている。また、教育分野の占める比率が高まったのは、平成14年度前後からであり、他分野にはみられない上昇傾向を示していることがわかる（図5-9）。

以上の短期大学が置かれている状態を考えれば、短期大学に在籍する学生の特徴として、2つの点をあげることができる。まず、四年制大学と比較して入学倍率が低く、入学選抜試験の合格率も高い状態で入学をする学生が多いという点である。同時に、短期大学へ

（単位：％）

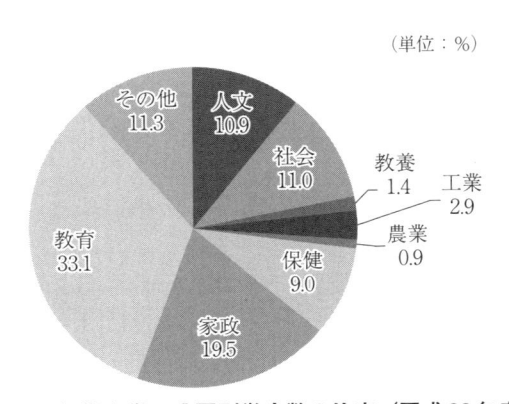

図5-8　短期大学の分野別学生数の比率（平成23年度）
（出所）文部科学省「平成23年度学校基本調査（速報版）」より作成

の入学を希望する学生数自体が減少していることから,自ずと入学が容易になっていると指摘することができる。

次に,分野により学生数の比率に大きな差がみられる点である。とくに,保健・人文・教育という学科系統を希望する学生が多い。つまり,短期大学への進学を希望する学生は,将来の職業に直結する資格や免許の取得を念頭においているといえるだろう。

各データから短期大学の置かれている状況を概観したが,短期大学を取り巻く状況は非常に厳しく,経営努力が求められ続ける時代に突入しているといえる。入学生を確保するために,さまざまな取り組みを実施しなければならない。短期大学が入学生を選抜するのではなく,高校生が高等教育機関を選択する時代にあって,いかに選択肢のひとつとして考えてもらえるのかが重要な視点となる。そ

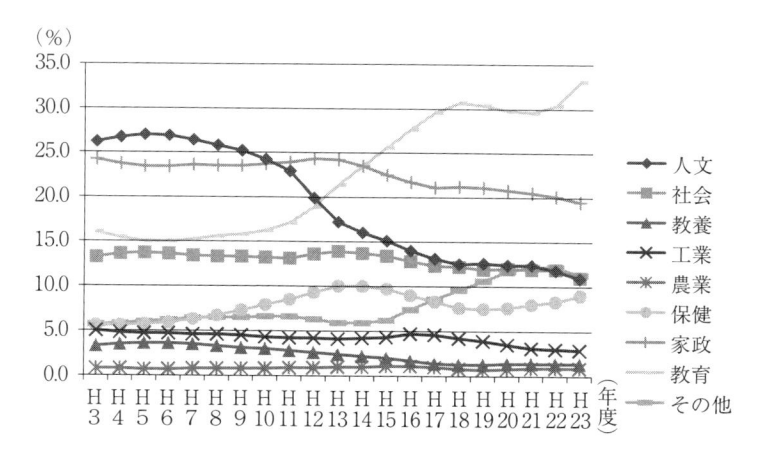

図 5-9 短期大学の分野別学生数の比率の推移

(出所)文部科学省「学校基本調査」より作成

のような状況のなか，入学生を学力のみの観点から選抜することは，短期大学においてはすでに不可能に近いことだといえるだろう。

3．短期大学生の実態

2節からは，短期大学は学力の観点から，入学者選抜を実施することが難しい状態にあることがわかった。それでは，短期大学に在籍する学生の実態とはどのようなものだろう。ここでは短期大学学生の全体的な状況を知るために，財団法人短期大学基準協会 JCIRP 短期大学学生調査チーム（研究代表：山田礼子同志社大学教授）による「短期大学学生に関する調査研究—2009年 JJCSS 調査全体結果報告—」を参考にしたい。この調査は，カリフォルニア大学ロサンゼルス校高等教育研究所（UCLA-HERI）が行ってきた CIRP Freshman Survey と College Student Survey をもとに作成された大学生調査と新入生調査の知見を基に開発されたものである。

上述の調査結果を参考にする理由は，回答が7244件と比較的規模の大きな調査であり，回答者の専攻分野別内訳も，2009年度の学校基本調査の短期大学関係分野別学生の内訳と大きく隔たりがないことから，短期大学生の実態を理解する上で十分に活用に耐えうると考えられるからである。

3.1 短期大学への進学を決める要因

短期大学が制度化されたのは，1950（昭和25）年である。ただ，それは新制大学に転換が不可能であった旧制専門学校などの救済措置として，暫定的に制度化されたものであった。その後，1964（昭

和39)年の学校教育法の一部改正によって,ようやく恒久的な地位を獲得したという経緯がある。つまり,短期大学は,四年制大学では満たすことができない,多様な高等教育への需要から発展してきたともいえるのである。

短期大学の目的として,学校教育法第108条第1項には「深く専門の学芸を教授研究し,職業又は実際生活に必要な能力を育成すること」と記され,また,文部科学省は「短期大学は,地域の身近な高等教育機関として,高等教育の普及や実践的職業教育などの面で重要な役割を果たして」いると述べている。

加えて,2005(平成17)年10月からは,短期大学の卒業生に対して「準学士」の称号に代わり,「短期大学士」の学位を付与されるようになり,短期大学が学位を授与する機関として広く認知されたともいえる。そのため,就職に直結する免許や資格を求める学生が入学を希望することは,短期大学の存在意義にも合致しているといえる。

以上の短期大学の成立過程を考えれば,短期大学への進学を決定付ける要因としては,「資格や免許の取得」「就職に有利である」といった項目が重要視されると予測できる。では,実際の短期大学生はどのような事柄を重視し,入学を決定したのだろうか。以下,実際の短期大学生が,進学に際して重視した項目について考察する。

図5-10は,「短期大学学生に関する調査研究—2009年JJCSS調査全体結果報告—」の短期大学への進学の際に重視する項目のなかで,「とても重要」「少し重要」と答えた割合が高い項目を抜粋したものである。

図5-10から,「就職に有利」や「学ぶ内容に興味があった」「資格をとるために必要だった」などが重視されていることが確認でき

第5章　短期大学の現状と学生の実態　119

```
                            0    20    40    60    80   100 (%)
   自宅から通学できる            39.6        25.8
      就職に有利               31.2        35.4
 学ぶ内容に興味があった            41.0        37.2
 資格をとるために必要だった         48.4        26.7
推薦入試等で入学が早く内定した     34.2        25.9
```

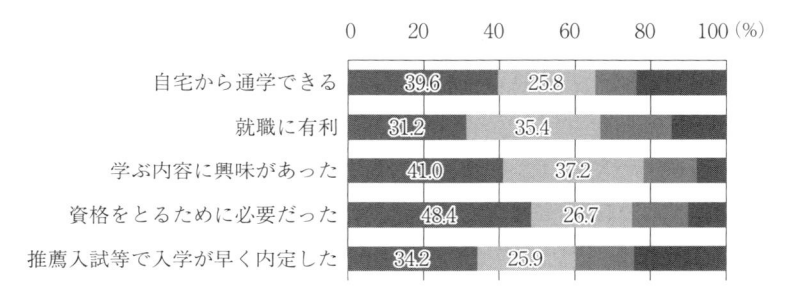

■とても重要　　■少し重要　　■あまり重要でない　　■まったく重要でない

図 5-10　短期大学への進学の際に重視する項目

(出所)「短期大学学生に関する調査研究―2009年 JJCSS 調査全体結果報告―」より作成

る。しかし，同時に「自宅から通学できる」「推薦入試等で入学が早く内定した」という項目も重視されており，その割合は「とても重要」と「少し重要」を合わせると60％を超えている。

つまり，短期大学への進学を希望する理由としては，「資格や免許の取得」や「就職に有利」といったものだけ限定されている訳ではないことが窺えた。

3.2　短期大学への進学を希望する高校生の志向

それでは，「資格や免許の取得」「就職に有利」といった項目以外の，短期大学への進学を決定付けた要因は何なのだろうか。

よく進路指導を担当する高校の先生方から，最近の受験動向として「安・近・短」といった言葉を聞くことがある。本来は小旅行に関する言葉であり，「交通費が安く，近場に短期間のレジャーを楽しむ」という意味である。しかし，最近の高校生が重視する進路選

択の条件になっているのだという。

「安」は，入学試験料や学費などの「大学入学に関わる費用が安い」ということであり，「近」は，大学の所在地が「自宅から通える近場にある」ことを指している。また，「短」は「通学時間が短い」，もしくは「簡単」の「単」とかけて入学試験が「簡単に合格できる」こと，というものだそうである。

「安・近・短」のキーワードは，金銭的な問題とも大きく関わっている。最近の社会的な状況を勘案すれば，金銭的な負担を軽減するために短期大学への進学を考えたということは十分に理解できる。実際に，出身高校と同一県内にある短期大学への入学率を示す「自県内入学率」が上昇してきていることから，短期大学への進学を希望する高校生は地元の短期大学への入学を希望する傾向にあること

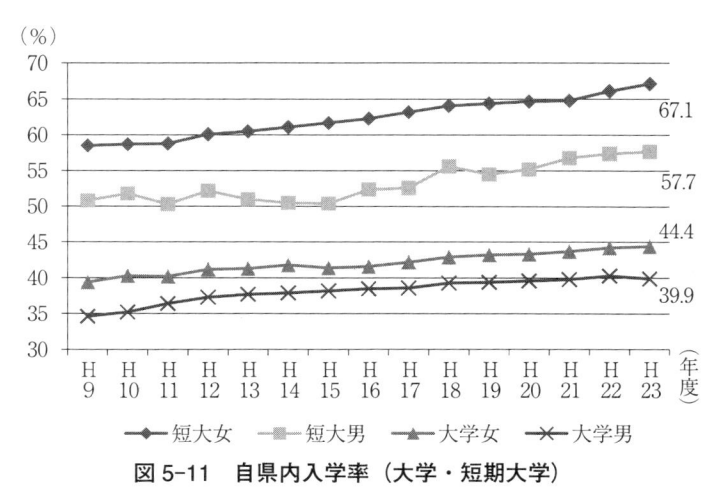

図 5-11 自県内入学率（大学・短期大学）

（出所）文部科学省「学校基本調査」より作成

が窺える(図5-11)。また,同時に通学時間のデータからも,住まいから1時間未満で通学できる短期大学に進学している割合が高いことがわかる(図5-12)。

また実際に,学生から「出来る限り交通費をかけたくない」という声をよく聞くことがある。そして,ある程度の距離までは,自転車で通学する傾向もみられる。なかには,1時間を越えて,自転車で通学する学生も存在している。その背景には,金銭的な負担を軽減したいという学生の心情がある。「せめて交通費だけでも倹約したい」「親に交通費まで負担を掛けられない」という学生の心理が強く働いていることからも,社会全体の経済的な状況の悪化が垣間見られる。

つまり,短期大学への進学に関して,「経済的な負担の軽減」が大きな要因として存在していることがわかる。たとえば,「四年制

(単位:%)

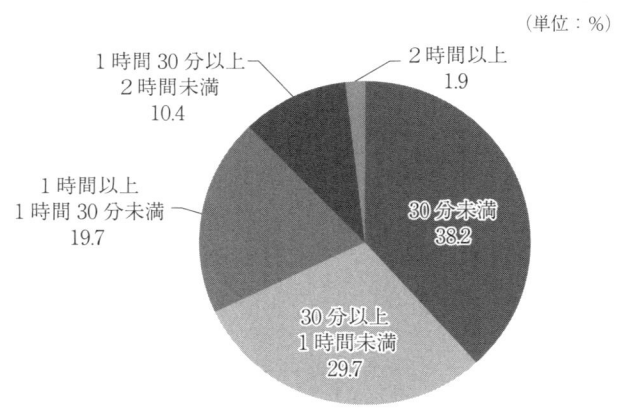

- 2時間以上 1.9
- 1時間30分以上2時間未満 10.4
- 1時間以上1時間30分未満 19.7
- 30分以上1時間未満 29.7
- 30分未満 38.2

図5-12 短期大学生の通学時間(片道)

(出所)「短期大学学生に関する調査研究―2009年 JJCSS 調査全体結果報告―」より作成

大学と比較した場合、学費が大きく軽減できる」、また、短期大学であっても、「自宅からの距離が近ければ近いほど、交通費が軽減できる」ということが重要になる。従って、昨今の社会状況を反映して、短期大学への進学を考える場合に、考慮すべき重要な項目のひとつに「経済的な負担の軽減」が位置づいているといえる。

3.3 入学選抜試験の方式からみる短期大学生の学力

　それでは、短期大学への進学を考えている学生の学力には、どのような特徴や傾向があるのだろうか。

　当然、入学選抜試験を越えて短期大学に入学することから、入学選抜試験の問題傾向や難易度を測定すれば、自ずと短期大学生の学力は明らかになるはずである。しかし、2.2でも述べたように、入学生を十分に集めることができない短期大学の割合が上昇するなかで、入学選抜試験の在り方自体も変化してきており、単純に学力を測定できるとは言い切れない状態になっている。

　図5-13は、短期大学生が、どのような入学選抜試験の方式によって進学したのかを示したものである。図からは、指定校推薦やAO選考など、学力選抜によらない入試方式で進学している学生の割合が高いことが窺える。つまり、入学希望者の適性について学力ではなく、面接などによって入学希望者の適性を測定するというものである。そのため、結局のところ、短期大学に進学する学生の学力については、入学するまで未知数の部分が多いということになる。

　確かに、内申書類からある程度までは、高校での学習状況を把握することは可能であるといえる。しかし、各高校の置かれている状況は千差万別であり、仮に内申における評価が同等であっても、学

(単位：%)

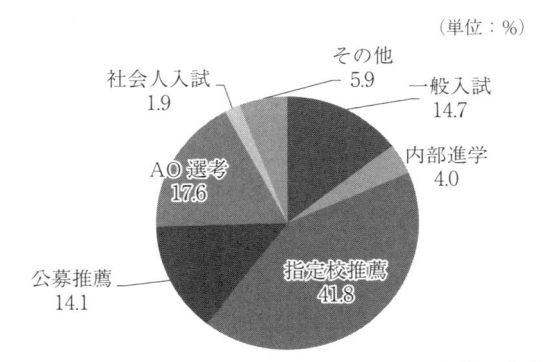

図5-13 短期大学生が活用した入試選抜試験の方式
一般入試 14.7
内部進学 4.0
指定校推薦 41.8
公募推薦 14.1
AO選考 17.6
社会人入試 1.9
その他 5.9

(出所)「短期大学学生に関する調査研究―2009年JJCSS調査全体結果報告―」より作成

力レベルが等しいとは言い難い。さらにいえば，高校においても多様な生徒が存在していることから，高校での内申評価が当該学生の学力を適切に表わしているかの保証はない。

つまるところ，大多数の短期大学では，入学生の学力について正確に測定する術を持ち合わせていないということになる。

3.4 短期大学生が感じる自身の学力

では，短期大学生自身は，自らの能力について，他者との比較においてどのように感じているのであろうか。図5-14は，「短期大学学生に関する調査研究―2009年JJCSS調査全体結果報告―」における，同年齢の人間と比較した場合の自己評価に関する項目から，学力に関わる項目だけを抜粋したものである。

データから，特に「外国語の能力」や「数理的な能力」について，自己評価が低いことがわかる。また，「プレゼンテーション能力」

	0	20	40	60	80	100 (%)

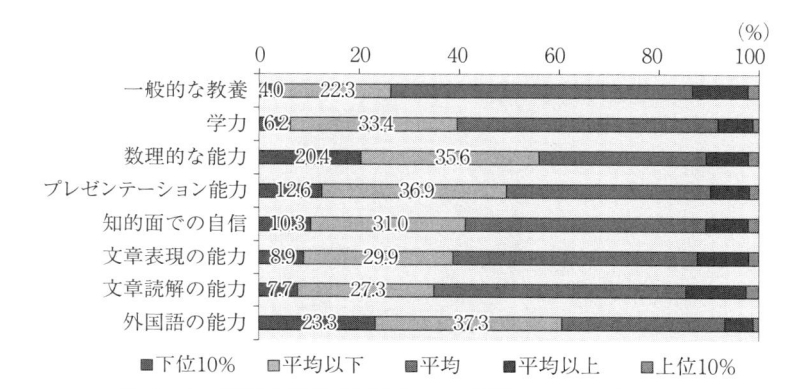

一般的な教養 4.0 / 22.3
学力 6.2 / 33.4
数理的な能力 20.4 / 35.6
プレゼンテーション能力 12.6 / 36.9
知的面での自信 10.3 / 31.0
文章表現の能力 8.9 / 29.9
文章読解の能力 7.7 / 27.3
外国語の能力 23.3 / 37.3

■下位10%　■平均以下　■平均　■平均以上　■上位10%

図 5-14　短期大学生の同年齢との比較における自己評価

(出所)「短期大学学生に関する調査研究―2009年 JJCSS 調査全体結果報告―」より作成

や「学力」などについて，不安を抱えている短期大学生が3割以上存在していることがわかる。実際に短期大学生と接していると，学生自身の口から「勉強が苦手だ」「授業の試験が不安」「高校時代に勉強をしていなかった」などと漏れることが多々ある。

　短期大学の多くを占める，保健・人文・教育という学科系統では，学生の大半が資格や免許の取得を考え，就職を何よりも念頭におき学生生活を送っている。つまり，「自身が希望する職場で働きたい」という気持ちが，本人を短期大学へと導いた根源のすべてであるともいえる。言い換えれば，将来の就きたい職業が定まっており，短期大学での学びに関しても目的意識が明確である。だからこそ，多忙を極める短期大学での学びにも耐えられるのだといえる。

　しかし，そのような短期大学生であっても，「高度な理論を学ぶ専門科目」や「抽象概念を議論する科目」，または，「高校までの基礎的基本的学力を問う科目」に関しては，払拭することが困難であ

るほどの苦手意識を持ち続けている。普段は元気で積極的であっても，試験前になると過度の不安を感じてしまう学生や，自分自身を卑下する発言を繰り返す学生を見受けることがある。つまり，短期大学生の学力に関する実態として，学力に対して根拠のない自信をもつ学生が少ない一方，学力に対して不安を抱える学生が多いということが挙げられる。

3.5 短期大学生の抱えるジレンマ

3節では，「短期大学学生に関する調査研究―2009年JJCSS調査全体結果報告―」から窺える短期大学生の特徴について述べてきた。本項では，さらに短期大学生の抱えるジレンマについて考えてみたい。ここでは筆者が実施した短期大学での調査データを基にする。筆者が行った調査は，「短期大学学生に関する調査研究―2009年JJCSS調査全体結果報告―」などの先行研究を参考に質問項目を設定した。そのため，調査対象者は限定されるものの，より具体的な短期大学生の姿を窺い知ることができると考えられる[3]。以下に，特徴的な質問項目について概観してみたい。

まず，進学動機についての質問では，やはり実学を重視する短期大学の特徴が見て取れる。「自分自身の希望」「就職に有利」「就職に直結する資格が取れる」といった項目を重要と考える学生の割合が多い。つまり，多くの短期大学生は，①自分自身が希望する職業に就くために短期大学への進学を決定した，②短期大学では必要な資格を取得することが大きな目的であり，③希望する職種の企業に就職する，といったライフプランを描き行動していることがわかる。

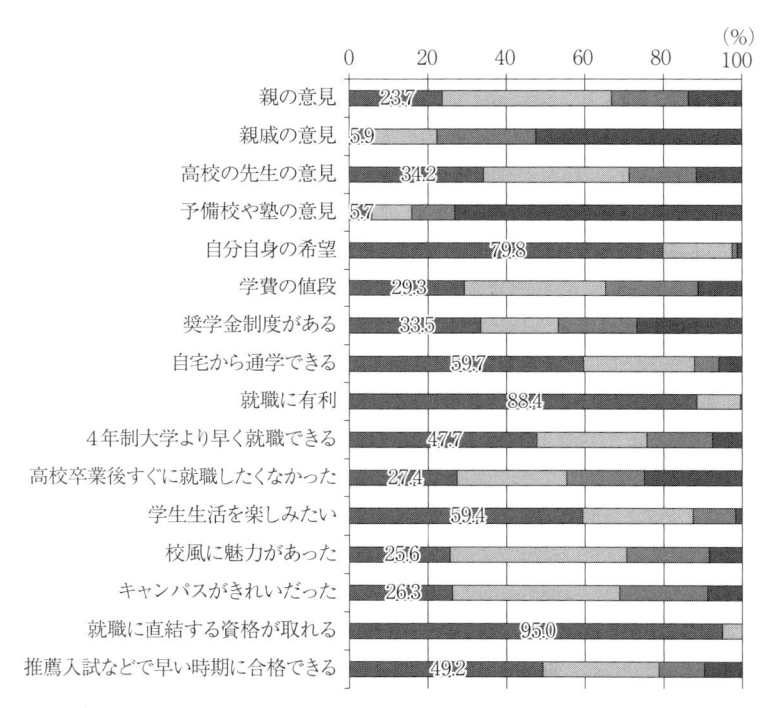

項目	重要だった(%)
親の意見	23.7
親戚の意見	5.9
高校の先生の意見	34.2
予備校や塾の意見	5.7
自分自身の希望	79.8
学費の値段	29.3
奨学金制度がある	33.5
自宅から通学できる	59.7
就職に有利	88.4
4年制大学より早く就職できる	47.7
高校卒業後すぐに就職したくなかった	27.4
学生生活を楽しみたい	59.4
校風に魅力があった	25.6
キャンパスがきれいだった	26.3
就職に直結する資格が取れる	95.0
推薦入試などで早い時期に合格できる	49.2

■重要だった ■どちらかといえば重要 ■どちらかといえば重要でない ■重要でなかった

図 5-15　進学の際に重視した項目

　同時に，前節までの調査と同様に，「自宅から通学できる」「推薦入試などで早い時期に合格できる」といった項目を重視する学生の割合も高い（図5-15）。やはり，短期大学生の「安・近・短」志向が裏付けられる結果といえる。

　図5-15からも，短期大学生が就職に対する強い希望をもち，短期大学への進学を決定していることが改めて理解できた。しかし，

就職に向けて全く不安を抱えていないかといえば、そう断言することはできない。なぜならば、短期大学生は学力面に対する自己評価が決して高いとはいえないからである。筆者の実施した調査でも、「短期大学学生に関する調査研究—2009年JJCSS調査全体結果報告—」の結果と同様に、同年代と比較した場合の自己評価が低い学生の割合が多い（図5-16）。

短期大学生は、希望する職業に就くために短期大学への進学を決定してきた。しかし、短期大学入学後も、学力面に対して不安を抱

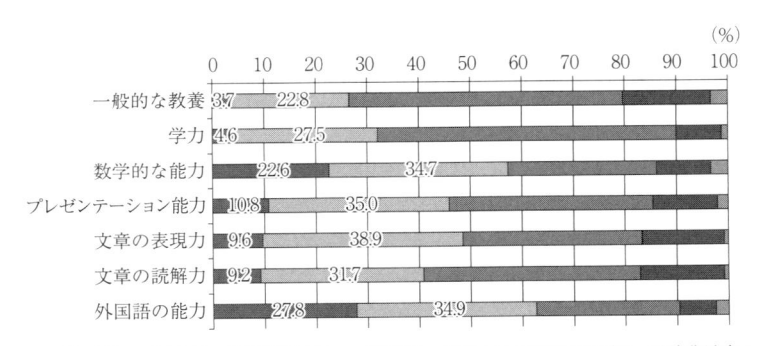

図5-16　同年代との比較における自己評価

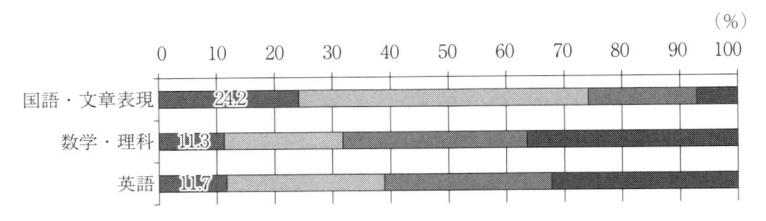

図5-17　補習に対する受講希望

え続けている。これは短期大学生が抱える大きなジレンマだといえる。ところが，学力面の不安を解消するための補習授業といったリメディアル教育については，短期大学生が消極的であることも窺えた（図5-17）。「希望者だけが参加できる補習授業」という設定では，受講を希望する学生の割合が低い。その原因としてはさまざまなことが想定されるが，過密なカリキュラムに加えての補習授業への参加が，学生にとって時間的な負担だけでなく，心理的にも大きな負担と感じる傾向にあるのではないかと考えられる。

　次に，学習状況に関する質問項目からは，短期大学生の学びの状況を窺うことができる。特徴のひとつに，日々の学習に関して，ひとりで課題に取り組むのではなく，友人と一緒に取り組む傾向がある。そして，日々の学習において図書館を利用しているが，研究や課題に取り組むための学習資源として新聞などの活用は少なく，やはりインターネットに依存している傾向がわかる。その背景には，スマートフォンの普及により，手軽にインターネット接続ができるようになったことと，学生のソーシャルメディアの活用の広がりなどが考えられる（図5-18）。

　つまり，短期大学生が抱える2つ目のジレンマとして，日々の学びに積極的に参加しようとするも，授業に対して集中することができない姿が窺えた。たとえば，学費を補填するためにアルバイトに励むが，睡眠不足に陥り，結果として授業中に居眠りしてしまう悪循環に陥る学生の姿などが想像される。

　以上から，短期大学生が抱えるジレンマの存在が明らかになった。そして，今後は学生の状況を理解し，支援する方策を充実することも短期大学には求められるといえる。ここまで，学力的な側面から

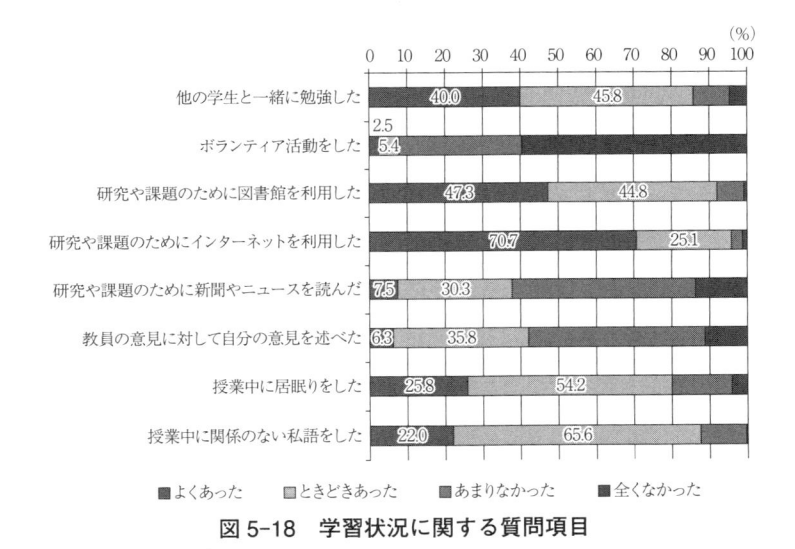

図 5-18 学習状況に関する質問項目

項目	よくあった	ときどきあった	あまりなかった	全くなかった
他の学生と一緒に勉強した	40.0	45.8		
ボランティア活動をした	2.5	5.4		
研究や課題のために図書館を利用した	47.3	44.8		
研究や課題のためにインターネットを利用した	70.7	25.1		
研究や課題のために新聞やニュースを読んだ	7.5	30.3		
教員の意見に対して自分の意見を述べた	6.3	35.8		
授業中に居眠りをした	25.8	54.2		
授業中に関係のない私語をした	22.0	65.6		

短期大学生の特徴を考察したが，次節では学力以外の短期大学生の特徴について考えてみたい。

4．学力以外にみる短期大学生の特徴と，短期大学に求められる姿勢

4.1 クラス編成での学生生活

　四年制大学の学生と比較すると，短期大学生の学生生活は非常に忙しい。それは修業年限が短いことからも，容易に推測ができる。その「多忙感」は，短期大学生のアイデンティティを強化しているといえるだろう。しかし，四年制大学とは異なる特有の要素として「クラス編成での学生生活」が，短期大学生を強く規定しているの

ではないだろうか。

　短期大学ではカリキュラムの特性から，クラス制を採用することが多い。その場合，自ずと学生は，2年間の学生生活をクラス単位で過ごすことになる。高校までの学生生活を経験した人間であればすぐに理解ができるだろうが，クラスには自ずとそれぞれの"雰囲気"が形成されるものである。

　仮に，クラスをまとめるリーダー的な存在の学生がおり，何事にも積極的に取り組む姿勢が強いクラスであれば，いずれの学校行事に対しても団結力や結束力が確認でき，学生生活の思い出もできるだろう。ただ，短所としては，クラス全員の協力が暗黙裡に求められるため，積極的なコミュニケーションが苦手な学生にとっては苦痛と感じることが増えるだろう。また，クラスの雰囲気が「高校生活の延長である」といった感が強くなる懸念もある。自主性の気風を大切にしたい学生にとっては，短期大学での生活自体にも支障がでる可能性もある。

　また一方で，リーダーの存在が欠如したクラスであれば，各学校行事に対してまとめ役を引き受ける者がおらず，最悪の場合は行事への参加も危ぶまれる状態に陥るかもしれない。それは，「学生生活を充実したものにしたい」と願っていた学生にとっては不幸である。ただ，クラスへの過度なコミットメントは求められないため，短期大学での生活において学業以外の要素を求めていない学生にとっては過ごしやすいかもしれない。

　確かに，上述の例は極端なものである。しかし，「短期大学生ともなれば，節度を守った人間関係を構築でき，クラス制であっても豊かな学生生活を送ることができる」と安易に考えることは，短期

大学生の現状を正確に認識しているとは言い難い。たとえば，土井隆義が指摘するように，他者との関わりにおいて自己を守るために「キャラ化」する学生が見受けられる。ともすれば，「対立点を顕在化させない」ように「優しい関係」を構築することだけに注意し，豊かな人間関係が構築できない状態に陥り，短期大学での生活に疲弊している学生の姿を見ることもある。クラス制を採用する短期大学でしか実現できないことがある一方で，クラス制の短所も理解しておく必要があるだろう。何よりも，短期大学における学生の特徴を理解し，教職員が組織的に学生生活の支援ができるような体制を構築する必要があるということではないだろうか。

4.2 短期大学生の教員との距離感

　短期大学生のなかには，「（短期）大学の先生は，（高校の先生と異なり）あまり関わりを持ってくれない」「もっと，（教員と）色々なことについて話したい」と述べる者も存在している。確かに，高校までは担任の教師をはじめ，さまざまな教諭が生徒に関わり，家庭との連携も密に行われている。高校までの状況と比較した場合，やはり大学や短期大学では，学生と教授陣との距離があると感じられるだろう。今までの高等教育機関は，学生の自主性を尊重する風潮が強いと同時に，「大学生だから○○ができて当然だ」「短大生だから△△はできないと困る」という台詞に代表されるように，学生の自助努力が強く求められ，学業成績の結果についてはすべてが学生自身の自己責任であるとされてきた。

　しかし，高等教育の在り方が，マーチン・トロウの指摘するユニバーサル段階に突入した状況では，学生生活のすべてを学生の自己

責任に帰すだけでは，必ずしも大学はうまく機能するとは限らないのではないだろうか。特に短期大学の場合では，2年間という短い修業年限であり，履修しなければならない講義も過密に設定されている。加えて，クラス制が採用されている場合は，高校を卒業した後も，さらに高校生活が続くような感がある。そうなれば，学生が短期大学の教員にも，高校までの教師と同じ対応を求めるのは当然だろう。

　高等教育がユニバーサル段階に突入した現状では，短期大学生の教員は研究者という側面だけでなく，教育者という側面から短期大学生の関わりをもつことができなければ，学生の要望を満たすことはできないだろう。日々の学業に対する支援にはじまり，学校生活や就職などに関わる相談もできる教員がおり，豊かな学生生活を送ることができるのであれば，ユニバーサル段階の高等教育機関としての短期大学の存在意義は大きくなるだろう。

　上述のデータから，学力を問う選抜を超えてこない学生が大半を占める短期大学においては，すでに入学生の学力について十分に把握することが困難な状態になっていることがわかった。また，学生生活全般を通して，教員との関わりを求める短期大学生の資質も理解できた。短期大学生をさまざまな側面から理解し，初年次教育をはじめとする学生支援の取り組みを展開することが求められている。規模の大きい有名四年制大学ですら，アカデミック・スキルズを中心とする導入教育がなされている今日，短期大学においては尚更である。短期大学のポリシーに合致した学生を求めると同時に，入学生に適した短期大学の在り方を模索する必要があるといえる。

5．結び

　現在の短期大学が置かれている状況では，入学者の選抜を学力のみに絞って行うことは困難である。また，学業をはじめ学生生活のすべてを，学生の自己責任に帰すことも現状には合致していない。とすれば，今の短期大学が入学選抜試験において重視できることは，入学希望者の意欲を評価することと，専門分野への親和性があるか否かを判断することに限られてくる。そして，何よりも重要となることは，入学生が２年間の学生生活のなかで，必要な専門性と社会人としての知性を身につけることができるように，支援の体制を強化することである。

　万人が高等教育機関への門戸を敲くことができるなかで，短期大学がさらなる充実を図るためには，２つの方向性が考えられる。ひとつは学生に対しての視点であり，今ひとつは短期大学の教職員，特に教員に対しての視点である。

　学生に対する視点とは，自分自身の学びを常に把握できるように仕組みを整えるということである。就職といった卒業後の姿を起点にして，短期大学での学生生活において学生自身がどのような段階にあるかを確認することができれば，目標達成に向けての努力を持続しやすくなるだろう。たとえば，各講義におけるルーブリックの提示，学びの成果をポートフォリオ化するなど，さまざまな支援が考えられる。

　次に，教員に対する視点とは，短期大学生の特性を理解した上で，学生支援のための取り組みに対しても，積極的に関わる姿勢を身につけることが必要ではないかということである。確かに，ひと昔前

までは，専門分野の研究のみに没頭し，学生に対する教育活動は顧みないという姿勢も大学教員のスタンダードであったといえる。また，現在でも一部の研究者養成大学では通用するものだろう。しかし，現在の短期大学の状況を勘案すれば，短期大学の教員に合致した姿ではないといえる。すでに1960年代にリースマンが指摘していたように，現在の短期大学は「教師の大学」ではなく，「学生の大学」であるといえる。そうであれば，将来の職業への不安や悩みを抱える学生，学業に行き詰っている学生，進路に迷う学生などに寄り添い，共に学生生活を過ごすといった姿勢を示すことが短期大学の教員に求められている姿だろう。確かに，それは研究者の姿とはかけ離れたものかもしれない。しかし，短期大学の教員が，研究者としてだけでなく，教育者としても学生に寄り添うことができれば，短期大学がもつ教育機能をさらに充実させ，短期大学生がさらに充実した学生生活を送ることができるようになるのではないだろうか。

注
1）短期大学学生調査（JJCSS = Japanese Junior College Student Survey）とは，山田礼子氏（同志社大学・教授）を中心とする「大学生調査研究プログラム」（JCIRP = Japanese Cooperative Institutional Research Program）が開発した大学生調査（JCSS = Japanese College Student Survey）と，新入生調査（JFS = Japanese Freshman Survey）の知見を元に設計された短期大学生を対象とする学生調査のことである。

　また，大学生調査（JCSS）と新入生調査（JFS）は，カリフォルニア大学ロサンゼルス校高等教育研究所（UCLA-HERI）の許諾を得て，CIRP Freshman Survey と College Student Survey をもとに日本での実施に適した独自項目を追加し開発されている。

　JJCSS2009は2009（平成21）年11月から12月にかけて実施した調査で

あり，2010（平成22）年10月に結果報告書として「短期大学学生に関する調査研究—2009年JJCSS調査全体結果報告—」が出されている。
 2）調査票は，学生の入学以前の背景，短期大学での経験，満足度，獲得したスキルや能力，生活習慣，自己評価，価値観といった項目から構成されており，短期大学生の全体像が把握できるようになっている。
 3）調査データは現在分析中である。調査の概要は次の通りである。① 調査対象者：A県にあるB短期大学に在籍する女子学生（1年生）の317名 ② 調査実施期間：2010年1月 ③ 回収率：76.0%

参考文献
伊藤順啓（1991）『短期大学の社会学』国際書院。
土井隆義（2004）『個性を煽られる子どもたち—親密圏の変容を考える—』岩波ブックレット No.633。
土井隆義（2009）『キャラ化する／される子どもたち—排除型社会における新たな人間像—』岩波ブックレット No.759。
日本私立短期大学協会（2009）『短期大学教育の再構築を目指して—新時代の短期大学の役割と機能—』。
短期大学基準協会 JCIRP 短期大学学生調査チーム（2010）「短期大学学生に関する調査研究—2009年 JJCSS 調査全体結果報告—」。
本田由紀（2011）『若者の気分 学校の「空気」』岩波書店。
日本私立学校振興・共済事業団 私学経営情報センター（2011）「平成23年度私立大学・短期大学等入学志願動向」。
佐藤弘毅（2011）「短期大学における今後の役割機能に関する調査研究」目白大学短期大学部。
日本私立短期大学協会教務委員会編（2011）『平成23年度短期大学教務必携（第16次改訂版）』。

第6章 スウェーデンの大学における学力政策
——ラーニング・アウトカムズを重視した大学教育の質保証——

武　寛子

1. はじめに

　本章は，スウェーデンの大学における学力政策について，学生のラーニング・アウトカムズに関する取り組みを中心に考察する。近年，学生の「学習成果（ラーニング・アウトカムズ）」は大学における教育の質の評価基準のひとつとしてみなされており，その枠組の構築が進められている。学習者である大学生が大学卒業時にどのような知識と能力を身につけているべきかを評価しようというものである。ラーニング・アウトカムズに関する枠組の構築は国際的に進んでおり，OECD（経済協力開発機構）の「高等教育における学習成果評価事業」やヨーロッパにおける「ヨーロッパ高等教育資格枠組（Framework of Qualification for the European Higher Education Area）」等があげられる。この枠組をもとに各国は国内枠組を設定し，高等教育機関は教育内容や学生が獲得するべき成果に関する基準を設ける作業を進めている。スウェーデン国内においても2007年に構築された新たな質保証システムのひとつに学生の学習成果が含ま

れることになった。1977年の高等教育改革以来，大学は現実社会で求められる知識とスキルを提供することが重視されてきた。つまり，大学が学生に対して習得させるべき知識やスキルは社会の需要に適応していることが求められており，大学と社会との結びつきは主要なテーマなのである。

　ところで，学力について議論する場合，学力の定義についてふれる必要があるだろう。学力は，知識や理解度を示す狭義のものと，知識に加え，学習に対する関心から得られる態度，意欲，意識を示す広義のものとに分けられる。大学では課程を通して習得する知識やスキルだけでなく，社会へ出たときに求められる態度や意欲を備えることも重視されている。このことから本章における学力は，大学生の知識，態度，意欲に関する能力のこととする。スウェーデンにおける学力について定義するにあたり，高等教育庁による大学教育の目的に依拠して定義づけたい。すなわち，(1)専攻分野に関する知識とスキルを身につけること，(2)自律性と批判的思考力を身につけること，(3)問題解決能力を身につけること，(4)社会的適応能力を身につけること，の4つを，大学教育を通じて形成される学力とする。

　今日スウェーデンの大学が抱える課題として次の2点が考えられる。まず，高等教育入学者の年齢の高さである。大学入学時の年齢をみてみると，スウェーデンではその平均年齢は22歳である。これは，OECD諸国平均の20.4歳と比べても高い。また25歳から34歳の若年者層において高等教育を修了した者の割合は45％であり，この数値はデンマーク（43％），フィンランド（38％）と比べると高いが，ノルウェー（46％），日本（55％）と比べると低いことが

わかる。スウェーデン政府は，年齢の若い層の学生を大学に呼び込むために，高等教育機関が大学と社会とのつながりを明確に提示し，大学内の教育プロセスについて可視化することの重要性について言及している。そして，25歳までに同年代人口の50％が高等教育を修了していることを目指している。このようにして，若年者層を知識社会の中心に位置付けることを掲げているのである。次に，学生の長い就学期間と低い就業率である。とくに，就学期間の長期化による高等教育の内部効率性の低さは，Tuijnman（1990）によって指摘されている。Tuijnmanはスウェーデン統計局による1987年のデータを用いて，修業年限である3年（もしくは3.5年）で学士課程を修了する学生はわずか18％であり，半数以上の学生が5年から7年かけて学士課程を修了することを提示した。OECDによると，2008年におけるスウェーデンの高等教育修了率は58％で，これはOECD諸国の中でも3番目に低い比率である[1]。高等教育機関に係る高額な経費を負担する政府にとっては，年齢の若い学生を大学教育に呼び込み，修業年限以内で課程を修了させ，教育を受けた人材を社会に還元することが望ましい流れだといえよう。

　本章では，スウェーデンの学力政策について，ラーニング・アウトカムズに関する政策を中心に議論する。特に，学士課程，修士課程におけるラーニング・アウトカムズの成果がいかなる利点・欠点をもつのかを考察する。学士，修士課程におけるラーニング・アウトカムズによる評価結果が予算配分に反映されることがその理由である。本文では，スウェーデンの高等教育に関する概要をふまえ，質保証枠組およびラーニング・アウトカムズ導入背景とラーニング・アウトカムズの指標について詳述した後，高等教育の内部効率性の

問題について考究する。さらに，高等教育の財政問題を検討することで，ラーニング・アウトカムズがもたらす効果と問題点について考察する。

2．スウェーデンの高等教育の歴史的背景

スウェーデンにおいて，最初の高等教育機関であるウプサラ大学が設立されたのは，1477年のことであった。ウプサラ大学設立以前，高等教育に進学する機会にめぐまれていたのは上流階級の子弟に限られており，彼らはパリ，ボローニャ，ドイツなどの大学に留学をし，学業を修めていた。高等教育機関の設立に至った背景として，スウェーデン，デンマーク，ノルウェーとの三国連合があげられる。1397年の「カルマル連合」によって3ヵ国の統治がなされることになったが，実態は，デンマークがスウェーデン，ノルウェーを支配していた。松崎（1976）によると，「スウェーデンのデンマークの支配に対する抵抗が連合の初期から強かった」（44頁）ため，この時代におけるウプサラ大学の設立はスウェーデンの政治的，文化的独立も意味していた。「ウップサーラ大学（ママ）設立の動機の背後にはデンマークからの支配を脱するというスウェーデンの完全独立への国民的な動きがあったのであり，スウェーデン人にとって自分たちの大学は精神的・文化的独立のシンボルなのであった」（松崎 1976，45頁）。しかし，設立当初の教育内容はドイツにおけるものを参考にしたもので，ウプサラ大学はウプサラ大聖堂の附属機関としての色が濃く，聖職者養成を目的とした機関であった。大学としての教育内容や環境も整備されておらず，講義を担当する教員が

不足し，大学設備も不十分であった状況が17世紀まで続いた。

17世紀初頭における大学紛争，18世紀末における絶対主義王政の崩壊を経て，大学は研究・教育の自由を掲げ，研究領域の拡大・深化をすすめてきた。ウプサラ大学に続いて，自然科学分野や薬学を中心とするルンド大学が1668年に設立された。同じく，自然科学系を中心に教授するストックホルム大学（1878年），ヨーテボリ大学（1891年）が開講したのである。ラテン語による教育を中心とした教育内容は，スウェーデン語による講義が実施されるようになり，聖職者養成機関から研究機関としての大学が形成されるようになったのである。19世紀に入ると，総合大学や，工学系・商業系・農業系といった専門的な学問領域を学ぶ単科大学が発足し，高等教育機関が拡大，発展することとなった。

スウェーデンにおける大学の大きな転換期となったのは，1977年，1993年に大別される。すべての国民が高等教育を受けられるよう，いわゆるリカレント教育の理念のもと，高等教育機会が拡大したのは1977年の改革がきっかけであった。各自治体に総合大学や単科大学を設置し，放送大学も増設することで，地理的条件によらないで大学で教育を受けられるようになったのである。1993年に行われた高等教育改革によって，大学に教育内容やカリキュラムの詳細を決定する権限が与えられた。これによって，各大学は独自の教育カリキュラムを設定する自由が認可されたと同時に，その教育内容の評価枠組が設置され，教育の質が確保されるようになったのである。

2011年現在，スウェーデンには13校の総合大学（Universitiet）と20校の単科大学（Högskola），18校の私立大学[2]がある（表6-1）。私立大学のうち3校には，博士の学位を授与する権限が与えられて

いる[3]。その他の私立大学は，学士や修士の学位を授与する権限が認可されている。高等教育機関への進学率はEU諸国においても高い水準にあり，大学入学者は該当年齢層の65％に達している（2008年）(OECD 2010)。この背景には，地理的，経済的な側面から機会の平等に配慮した高等教育政策が展開されたこと，生涯学習としての高等教育の理念が基盤にあることがあげられる。しかし，すでに指摘したように，高等教育への入学時の年齢は約22歳となっており，OECD諸国平均の20.4歳よりもやや高いことが指摘できる。スウェーデン高等教育庁は，この背景として諸外国から学生を多く受け入れていること，通信教育や遠隔地教育のシステム整備によって高等教育を受ける機会が拡大したこと，生涯学習としての高等教育の概念が普及していることを指摘している (Högskoleverket 2010)。スウェーデンでは，25歳までの人口の約45％が高等教育に進学しているが，その割合を50％に引き上げることが掲げられている。

2011年の最新の報告書によると，学士課程，修士課程に在籍する学生の数は36万9,000人で，そのうちフルタイム学生は32万1,000人おり，これまでで最も多い学生が在籍している。一方で，学生の単位取得の状況は芳しくなく，学生のパフォーマンスの低さが指摘されている。たとえば，2004/2005年度の学習成果量は83％であったのに対し，2009/2010年度は78％であった。学士課程と修士課程の補助金はフルタイム学生の数とフルタイム学生による学習成果量をもとに配分されるため，パフォーマンス低下は補助金額の決定に影響を与えることを意味している。

スウェーデンの大学の現状をみるうえで，国際化の状況についてふれる必要がある。2009/2010年度，2万6,500人のスウェーデン

人学生が海外の大学に留学した。留学先として人気の高いのは、イギリス、アメリカ合衆国である。一方、国内における留学生の数は4万2,000人で、受入学生の数が派遣学生の数の2倍になっている。ヨーロッパ圏内の学生交流を促進するためのエラスムス・プログラムをはじめとする交換留学プログラムを通じて1万7,000人の学生を受け入れていることに加えて、それ以外の個人で留学する学生の増加が顕著である。その多くが中国、パキスタン、イラン、バングラデシュ、インドからの学生である。スウェーデンの大学は授業料が無償であったが、大学教育に多額の税金が投入されていることから、国民の納めた税金が外国人の教育のために使用されることについて議論されてきた。そこで2011年秋学期より、スウェーデン、ヨーロッパ経済地域 (European Economic Area：EEA) 加盟国、スイス以外の国からの学生に対し、申請料 (900クローナ)、授業料[4]を納付することが定められた[5]。財政上の観点からも、国際社会における競争力を強化しながら受入留学生の増加による大学の国際化を加速させるためには、授業料の徴収は避けられない事態であったといえる。

次に、大学進学の要件について概説しよう。スウェーデンは1967年に大学入学資格試験を廃止し、その翌年、高校で一定の成績を得た者に大学進学資格を授与することが決定された。一般入学とは別に、25歳以上で職歴が4年以上の者を対象に、過去の学歴に関係なく、一定の人数を大学に入学させることについて審議され、1969年に承認された。この制度は1977年に、「25：4ルール」として制定された。このルールの制定は、学習と職業活動が相互に行われることを目指したリカレント教育の理念が実現したものだといえ

る。しかし、1985年に25：4ルールを適応した労働経験入学制度の枠が縮小され、1991年には25：4ルールに代わる大学検定を導入することになり、これに労働経験を加算するようになったのである。当初、25：4ルールでの入学枠は最大50％が確保されていたが、今日では、各枠への出願数による比例配分となっている。高校で教育を受けていない者、職業経験のある成人（25歳以上）は、大学教育を受けるための適正を判定する「大学入試テスト（Swedish Scholastic Aptitude Test）」の成績によって判断される。大学入学資格には、一般入学資格と専門入学資格の２種類ある。一般入学資格は、すべてのコース、プログラムに入学する場合に求められる。これは、後期中等教育課程、もしくは成人教育プログラムにおける後期中等教育レベルの学習コースで取得した成績が審査の対象となる。この一般入学資格は、学士、修士、博士のすべての課程に進学する際に求められる。一般入学資格の規定で、コースによっては特別の条件が付加される場合がある。専門入学資格は学部やコースによって異なるが、ほとんどの場合、後期中等教育課程における特定の教科の成績が審査の対象になる。入学者の選定は大学が行うことができ、制限人数以上の応募者が集まった場合、選考にかけられる。応募者は、後期中等教育修了時の成績や大学入試テストの点数によって順位づけられ、少なくとも出願者の３分の１に対して入学許可を与えることが高等教育規定において定められている。たとえば2010年秋学期の入学状況[6]についてみてみると、ウプサラ大学には5,700人の出願者がおり、そのうち3,600人が入学許可を得た。ルンド大学では8,800人の出願者のうち5,400人が、ストックホルム大学では出願者7,700人のうち5,400人が入学許可を得た。規定された人数よ

りも多い学生を受け入れており，大学の門戸は開かれているといえる。大学入学者数は増加傾向にあり，2000年度には約7万2,000人，2005年度は約8万2,000人，2009年度には約10万人が大学に入学している。後期中等教育課程修了後，大学に進学する者の数が増加傾向にある背景には，経済不況により労働市場に参入できなかった若年者が大学に流れていることがあげられる（Högskoleverket 2011a）。

以上のような高等教育システムの拡大，学生数・教職員数の増加は，国が莫大な費用を負担することを意味する。スウェーデンでは1993年の高等教育改革によって学生数と学生の単位取得数を予算配分の判断基準とみなされるようになった。しかし，Engwall（2007）によると，このような予算配分スキームを導入したことによって，高等教育界がパフォーマンス・コントロールを行うという別の問題が生じたという。つまり，大学は予算削減を避けるために，成績の低い学生にも合格点をつけているのではないかという疑惑が生じたという。大学教育の信頼を得るためにも，外部組織によって教育内容を評価するための評価基準が必要であった（Engwall 2007）。次節では，質保証枠組とラーニング・アウトカムズの導入背景について詳しくみていこう。

表6-1 各大学の学生数（新入学生数・学士／修士・博士・教員数の一覧表）

	新入学生数	学士・修士	博士	教育・研究職員数
合計	199,816	369,291	17,693	46,605
Uppsala University	12,311	26,341	1,774	4,034
Lund University	14,033	31,851	2,505	4,985
Göteborg University	13,800	32,764	1,635	4,177
Stockholm University	17,740	36,065	1,520	3,355

Umeå University	14,032	21,583	1,087	3,134
Linköping University	8,394	20,882	1,169	2,522
Karolinska Institute	2,716	7,333	2,184	3,637
Royal Institute of Technology	8,078	15,146	1,793	2,413
Luleå University of Technology	5,725	9,796	518	1,015
The Swedish University of Agricultural Sciences	2,547	5,058	634	2,609
Karlstad University	6,033	11,424	226	955
Linneas University (Växjö University and Kalmar University)	14,986	20,728	268	1,495
Örebro University	6,472	12,713	449	906
Mid Sweden University	13,446	12,586	206	791
Blekinge Institute of Technology	5,404	5,645	116	452
Chalmers University of Technology (私立)	3,378	9,466	1,127	1,765
Stockholm School of Economics (私立)	728	1,731	126	203
Jönköping University College (私立)	6,783	11,870	150	623
Malmö University College	8,550	15,182	86	1,191
Mälardalen University College	4,874	9,857	132	755
The Swedish School of Sport and Health Sciences	387	476	−	82
Borås University College	5,160	8,043	−	555
Dalarna University College	9,777	11,058	−	584
Gotland University College	4,977	4,431	−	182
Gälve University College	7,093	9,592	−	529
Halmstad University College	6,290	6,854	−	490
Kristianstad University College	6,534	8,277	−	453
University of Skövde	5,134	7,022	−	410
Swedish National Defense College	517	636	−	324
Södertörn University College	5,533	10,021	−	638
University West	4,548	6,741	−	472
University of Dance and Circus	111	213	−	61
University College of Arts, Craft and Design	300	732	−	137
Royal University College of Fine Arts	83	238	−	48

University College of Film, Radio, Television and Theatre	95	195	—	53
Royal College of Music in Stockholm	426	999	—	172
Stockholm University College of Opera	16	39	—	20
Stockholm Academy of Dramatic Arts	78	85	—	33

(注) The Swedish University of Agricultural Science については農林省が独自の予算と研究,コース,プログラムに関する予算報告システムをもつ。また,The Swedish University of Agricultural Science と Swedish National Defense College は高等教育規則においてそれぞれ特別の資格枠組みが付されている。
(出所) Högskoleverket (2011a)

3. スウェーデンにおけるラーニング・アウトカムズ導入の背景

3.1 質保証枠組構築の背景

　スウェーデンにおけるラーニング・アウトカムズについて考察する前に,その大枠である質保証枠組について概説しよう。

　上述したように,スウェーデンでは1993年の大学教育改革を契機に,大学教育の質向上が掲げられた。各大学に大幅な自治権が認可されるようになり,大学は入学生の選定基準を設定することが可能となったのである。また学習のためのカリキュラムや学生が獲得するべき学習成果の指標を決定することができるようになった。大学に配分される補助金は,フルタイムで在籍する学生数および学生の学業成績によって査定されることが定められた。1995年には,予算配分のための評価とは別に教育の質の評価システムが策定された。すなわち,(1)学位授与,(2)大学内の質保証システム,(3)すべてのコースの教育の質,(4)学生参加,社会セクターとの連携,国際化,ジェンダーバランス,を基準として大学の質が評価されるようになった。2007年にはボローニャ・プロセス[7]に参加し,教育

制度を3年間の学士課程，2年間の修士課程，3年間の博士課程に統一した。教育の質保証を強化する政策によって，大学での学習内容とその結果の評価が重視されるようになったのである。大学の補助金の配分に学生の学業成績が影響すること，また学生の学習成果が大学教育の質の評価に関わることから，高等教育機関はいかに学生の学力を評価し，保証するのかが課題だといえよう。

　質保証のための評価は，2009年まで高等教育庁によって行われていた。旧評価システムは，(1)学習課程の基準認定（accreditation），(2)テーマ別評価，(3)教育に関する評価，(4)研究の質に関する評価，(5)卓越した教育業績の評価，の5つの項目で行われた。2010年からの新しい評価システムには上記の5項目のうち，(1)と(3)に関する内容が更新された。基準認定に関する項目では博士の学位授与に関する規制が緩和され，教育に関する評価の項目では学習成果（ラーニング・アウトカムズ）が加わった。学習成果は，学生の個別業績（ラーニング・アウトカムズ，論文）と在学生および卒業生に対する質問紙調査によって総合的に判断される。学生の個別業績に関する評価は，大学の教育実績を判断することを目的にしており，課程において課せられた試験や論文が評価の対象となる。在学生・卒業生への質問紙調査では，大学の公表する教育目標を達成できたか，大学での学習内容が卒業後いかに役に立ったのか等について評価が行われる予定である。

　ラーニング・アウトカムズを含めた評価項目の結果をもとに，高等教育庁は各大学のプログラムを「優秀」，「良」，「不可」の3段階で評価する。具体的な評価過程としては，大学，第三者，政府・国会によって段階的に実施される計画である（図6-1）。大学は自己評

価に関する方法と基準を公表し，これらをもとに自己評価を実施しなければならない。自己評価報告をもとに第三者が大学を調査し，評価することになっている。第三者が評価する際，大学が提供する教育プログラムがその目標と内容を明示的に学生に伝えているか，当初の目的を達成しているか，大学の教育プログラムが労働市場と結びついているかが焦点とされる。第三者とは，高等教育庁の評価局職員，評価対象となるプログラムに関する専門家，学部生，院生，労働者の代表で構成されている。現地訪問では，大学運営者，教員，学生とのディスカッションが行われる。第三者による評価報告が行われた後，良以上のものが政府に報告され，補助金額が決定されることになる。不可になった場合，再度モニタリングを受けることになり，承認されれば，その結果が政府に報告され，資金配分の割合が決定される。しかしここで不承認となれば，学位授与権の剥奪が検討されることになる。評価結果をもとにした財政配分方法は，2013年度に開始される予定である。評価結果が財政配分に影響することに対して，マルメ大学やメランダーレン大学は反対意見を表明している。大学の規模によって評価対象となるプログラムの数にばらつきがあり，その結果大学間で配分額の差が生じることや，初年度で低い評価を得た大学は十分な助成金を得られず，財政難に陥り教育の質を改善するどころか大学間の教育の質を低下させ，教育内容の平等性が損なわれるということがその理由である（Prop.2009/10：139）。政府は質保証枠組による評価結果を反映させる財政配分の額を限定的にすることを検討しているが，評価結果を財政配分に反映させた結果，教育の質が大学間で異なることのないように慎重な考察が求められるだろう。

この新しい質評価の策定にはスウェーデン高等教育協会（SUHF），全国学生組合，全国労働市場代表者組合，各大学の理事会が関与した。質評価枠組の設定に学生や労働者の視点が入っており，高等教育の受益者による視点が確保されているといえる[8]。国際的な視点も取り入れるため，海外の専門家による評価も行われる予定である。しかし，海外からの専門家の条件としてスウェーデン語能力が必要だとされている。大学による評価報告書がスウェーデン語で作成されていることが理由である。新評価システムの注目するべき点は，新システムによる評価の結果が大学への予算配分に反映されるということである[9]。大学自身が評価に関与し，学生の状況を把握し，

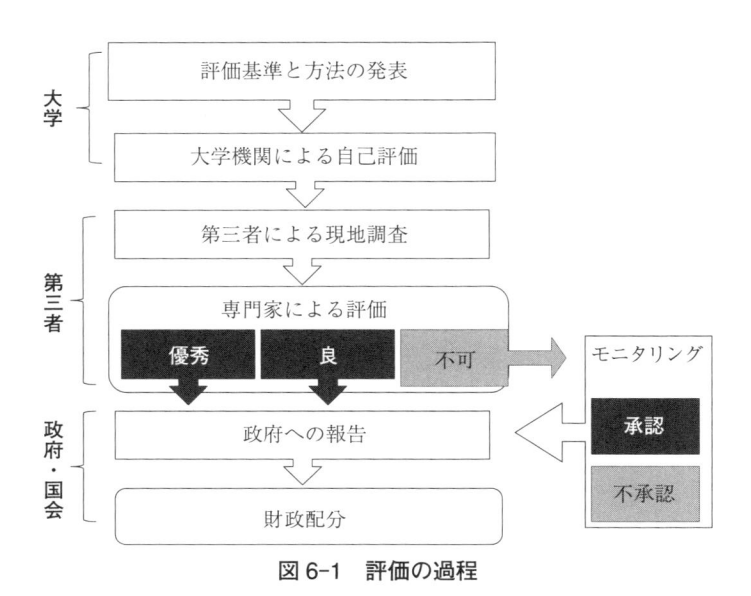

図6-1 評価の過程

（出所）Högskoleverket（2008）

よい教育を目指すために大学自身が取り組めるようにすることが求められている。評価システムの中でも，政府はラーニング・アウトカムズを最も重視するべき項目だと言及している[10]。次に，ラーニング・アウトカムズの評価項目について概説しよう。

3.2 ラーニング・アウトカムズの指標

本項では，新しい質保証のひとつとして設けられた，学習成果についてみていこう。ヨーロッパではラーニング・アウトカムズを重視した高等教育の改革が進められており，スウェーデンにおいても「ヨーロッパ高等教育資格枠組」に基づいて，高等教育の各段階の教育が再構築された。学生のラーニング・アウトカムズとして，「学生が何を知り，大学卒業後何ができるようになるべきか」を明確に定めることが求められている。新しい質保証枠組では大学教育の可視性と透明性を高めることが目指され，大学は国家の示すラーニング・アウトカムズに沿って各教育プログラムの目標を策定し，公表しなければならない。このような学習成果による教育のアウトカムを重視した質保証の強化は，大学の説明責任として機能している（川嶋 2008）。また，ラーニング・アウトカムズを公表することは，学生にとっても自らの学習計画を設計するために有益な情報源になるといえる。ラーニング・アウトカムズを公表することによって，学生は大学側が提示するラーニング・アウトカムズを参考にして，どの大学に進学するのかを決定する判断材料にすることができるからである。つまり，大学がラーニング・アウトカムズを明示することによって，学生は大学進学後の学習計画をたてることができ，学生のニーズと教育内容のミスマッチを防ぐことが意図されているので

ある。

　学習成果は，3つの項目で評価される。すなわち，「意図されたラーニング・アウトカムズと試験（intended learning outcomes and examination）」「達成されたラーニング・アウトカムズ（achieved learning outcomes）」「学生の経験と影響（students' experience and influence）」である。各項目は3段階で評価される。学生のラーニング・アウトカムズが意図された通りに達成されたか，そして大学で受けた教育が学生の経験にいかに影響を与えたのかどうか，大学教育による学生への包括的な影響力を指標化することが目指されている。

　この3つの項目のうち，「意図されたラーニング・アウトカムズ」では「知識と理解」「コンピテンスとスキル」「判断とアプローチ」の達成が期待されている。高等教育庁が定める各項目の枠組は表6-2に示す通りである。高等教育庁によって示された学士課程と修士課程におけるラーニング・アウトカムズの判断基準に基づいて，大学は各コースやプログラムで目指すラーニング・アウトカムズを策定することになる。

　「達成されたラーニング・アウトカムズ」は，学生の研究課題が評価の対象となっており，コースやプログラムで学生が提出した研究課題が評価される。これは，学生の能力を評価するために行われるのではない。学生がコースやプログラムを修了した時点で，コース／プログラムが掲げている目標を達成することができているかどうかが査定される。

　「学生の経験と影響」は，学生に対する質問紙調査および卒業後の教育満足度調査の結果によって評価される。オーストラリアやイ

ギリスではすでに高等教育の評価のひとつとして卒業生に大学教育に関する満足度調査を行っている。スウェーデンは，オーストラリアとイギリスの事例を参考にして質問紙を作成し，学生に対する調査を実施する予定である。青山・小湊・鳥居（2004）によると，オーストラリアでは卒後課程満足度調査（Course Experience Questionnaire）が全国的に行われているという。オーストラリアの大学は，教育科学訓練省が定めた卒後課程満足度調査のための調査項目スケールを活用して，それぞれの卒後課程満足度調査を作成しなければならない[11]。この満足度調査のスケールをみてみると11の項目が設定されており，教育，一般的なスキル，総合的な満足度，評価と基準，評価，学習量，学生サポート，学習リソース，学習コミュニティ，卒業後の質，知的欲求に関する質問がある[12]。オーストラリアにおける質問紙調査を参考にするならば，スウェーデンにおける卒業生に対する質問紙調査は，本章で定める学力の(1)から(4)のうち，(4)について現状を把握することができるだろう。大学教育を通じて身に付けた知識，スキル，能力がいかに社会で発揮されているのかを把握することができると考えられる。しかし，質問紙調査については2013年より実施される予定であるため，今後考察を深める必要がある。

　上でも述べたように，「意図されたラーニング・アウトカムズ」は「知識と理解」「コンピテンスとスキル」「判断とアプローチ」の3つの分野で定められている。たとえば，学士課程の場合は次のようになっている。知識と理解では，専攻分野に関する基礎的知識を身につけること，またそれに関連する学問を理解することが求められている。コンピテンスとスキルは，自律的に問題解決をするため

に，正しい情報を収集し，批判的に考察できる能力を身につけることが求められている。またプレゼンテーション，レポートなどを通じて自らの考えを他者に伝えられるようになることが求められている。判断とアプローチでは，多方面から学問的意義について考察できるようになることが求められている。知識と社会とのつながりを認識し，継続的に学習することの必要性を認識することが求められている。本章で定める学力の定義のうち，(1)から(3)に関する知識，スキル，能力に関連している。つまり，大学教育を通じて学生は，専攻分野に関する知識，自律的に学習する姿勢，批判的思考力，問題解決力，ディスカッションのスキル，コミュニケーションのスキルを形成することが求められている。

　このラーニング・アウトカムズの評価は高等教育の質をはかるうえで最も重視する項目であることが高等教育庁によって言及されている。高等教育機関の出口にもゆるやかな規制を設けることになったのである。その背景について，次項では高等教育財政と学生の修了率の低下等の問題について論究し，単に学生に入口と出口の規制をかけるだけではなく，このような流れに大学側も積極的に関与し，そのための方策を高等教育機関が見出すことを目指すものであることを提示したい。

4．高等教育財政

　本節では，高等教育に対する財政支出について概説し，高等教育機関への補助金，現行の予算配分について考察する。

　対 GDP 比でみると，2007年のスウェーデンにおける高等教育へ

表6-2 ラーニング・アウトカムズ

第一段階（学士課程）	第二段階（准修士課程）[13]	第二段階（修士課程）
知識と理解	知識と理解	知識と理解
専攻分野に関する学問的基盤の知識，当該分野の適切な方法論に関する知識を身につける。	専攻分野に関する専門的な知識と一般的な知識を身につけ，現代的な課題について洞察する。	専攻分野に関する専門的な知識と一般的な知識を身につけ，現代的な課題について洞察する。
現代の研究課題への意識を高めると同時に当該分野に関連するあらゆる側面の専門的な研究を理解する。	専攻分野における専門的な方法論的知識を身につける。	専攻分野における専門的な方法論的知識を身につける。
コンピテンスとスキル	コンピテンスとスキル	コンピテンスとスキル
情報を適切に収集し，評価し，その状況，課題について批判的に議論できる能力を獲得する。	複雑な状況，限られた情報に対応し，知識，分析，評価することができる能力を身につける。	複雑な状況，限られた情報に対応し，知識，分析，評価することができる能力を身につける。
自律的に問題を認識し，系統を立てて考え，解決しようとする能力を獲得する。	あらかじめ定められた時間内で，計画し，ふさわしい方法を用いて高度な課題に取り組み，自律的に問題を認識し，系統を立てて考察することができる。	あらかじめ定められた時間内で，計画し，ふさわしい方法を用いて高度な課題に取り組み，自律的に問題を認識し，系統を立てて考察することができ，自身の研究を評価し，知識を構築することができる。
自らの考えを発表し，他者との対話を通じて議論できる能力を獲得する。	自らの考えを発表し，正確に書くことができ，他者と議論することができる。	自らの考えを発表し，正確に書くことができ，他者と議論することができる。
	調査を実施し，自らの研究を発展させ，資格のある能力を発揮する仕事を獲得することができる。	調査を実施し，自らの研究を発展させ，資格のある能力を発揮する仕事を獲得することができる。

判断とアプローチ	判断とアプローチ	判断とアプローチ
学問的，社会的，倫理的視点から専攻分野の評価ができる能力を獲得する。	関連分野，社会的，倫理的観点から専攻分野の研究について評価することができる。そして，調査や研究の道徳的側面に注意を払うことができる。	関連分野，社会的，倫理的観点から専攻分野の研究について評価することができる。そして，調査や研究の道徳的側面に注意を払うことができる。
社会における知識の役割について考察し，知識を活用することに対する責任感をもつ。	社会における役割，研究をすることの責任感，研究の可能性と限界を洞察することができる。	社会における役割，研究をすることの責任感，研究の可能性と限界を洞察することができる。
さらなる知識と学習の必要性を認識できるようになる。	学生自身が取り組む研究の責任感をもち，さらなる知識の個人的ニーズを考察することができる。	学生自身が取り組む研究の責任感をもち，さらなる知識の個人的ニーズを考察することができる。

（出所）Högskoleverket（2011b）

の公財政支出は3.4％である。同年のOECD諸国の平均は3.0％であることから，スウェーデンは他国（英国2.0％，日本1.7％）と比べて高等教育への公財政支出が大きい国だといえよう。高等教育への政府の財政支出の割合を示したものが表6-3である。北欧モデルの高等教育の特徴のひとつとして，高等教育にかかる授業料が無償であることが知られているように，高等教育に係る高額の経費が国庫によって負担されていることがわかる（Fägerlind and Strömqvist 2004）。2007年のスウェーデンにおける高等教育への財政支出の割合をみてみると，OECD諸国の平均68.9％よりかなり高いことがわかる。同様に，その他北欧諸国の場合をみてみると，デンマーク96.5％，フィンランド95.7％，ノルウェー97.0％であり，北欧諸国において同様の傾向がみられる。スウェーデンにおける公的財政支出のうち，

89.3％が高等教育機関に配分されている（OECD 2010）。表6-3にあげる国々における政府の財政支出割合の推移をみると，高等教育機関への公的財政支出の配分は1995年より減少傾向にあることがわかる。スウェーデン高等教育庁によると，2009年には81％の公財政支出が配分された。

次に，大学の歳入項目についてみてみよう。2010年の高等教育分野（学士課程・修士課程）の歳入は256億クローナで，その88％が政府直接補助金によるものである。上述したように，学士課程・修士課程への補助金の配分は，学生の数と学生の単位取得数によって決定される。日本やアメリカにおける公的資金配分の算定ルールが学生数，教員数，施設といったインプットを重視しているものと比べると，スウェーデンの算定ルールはインプットとアウトプット

表6-3 高等教育への政府の財政支出割合推移

	1995	2000	2002	2004	2006	2007
デンマーク	99.4	97.6	97.9	96.7	96.4	96.5
フィンランド	97.8	97.2	96.3	96.3	95.5	95.7
アイスランド	m	91.8	91.4	90.3	90.2	91.0
ノルウェー	93.7	96.3	96.3	100.0	m	97.0
スウェーデン	93.6	91.3	90.0	88.4	89.1	89.3
英国	80.0	67.7	72.0	69.6	64.8	35.8
アメリカ合衆国	37.4	31.1	39.5	35.4	34.0	31.6
日本	35.1	38.5	35.3	36.6	32.2	32.5
OECD諸国	77.3	75.7	74.9	74.1	68.8	68.9

（注）mは利用不可のデータであることを示している。
（出所）Table B3.3. Trends in relative proportions of public expenditure1 on educational institutions and index of change between 1995 and 2007（2000 = 100），for tertiary education（1995, 2000, 2002, 2004, 2006 and 2007）／OECD Education at a Glance 2010

を重視しているといえる。このような学生のアウトプットを重視したモデルは「北欧モデル」高等教育にみられる特徴であり，スウェーデンの他，デンマーク，アイスランド，フィンランドにおいても同様にみられる（Fägerlind and Strömqvist 2004）。

では，現行の予算配分方法について詳述しよう。予算配分は，(1)年間のフルタイム換算した学生数，(2)学生の学習成果量（学生が獲得した単位数）が基準となり，それらが数値化され，計算の基礎になる。教育分野によって教育経費は異なるので，分野を15の専攻に分け，積算する計数に基づいて計算される。議会を通じて各大学の上限の予算が決められ，この範囲内で上記の成果に基づいた予算が配分される[14]。また，予算の10％内で次年度にそれを繰り越すことができる。2011年度の教育分野ごとの積算計数は表6-4の通りである。この計数は，各分野の学生の数に応じて変動する。2009年度の計数をみてみると，人文，社会科学，神学，法学の分野では，フルタイム学生1人あたりの補助金額は20,866クローナ，学生の学習成果量に応じた補助金額は18,315クローナであったことと比較すると，2011年度でこれらの額が微増していることがわかる。ほとんどの学生が人文，社会科学，神学および自然科学系に在籍しているが，在籍者数の少ない分野では，一人あたりの補助金額が高いことがわかる。現行の予算配分方法では学生の数や学習成果量に左右され，教育の質をはかることができないといえる。すでに指摘したように在籍者数と学習成果量にのみ焦点をあてる配分方法では，十分に合格点に達していなくても単位を習得する場合があることが問題視されており，本当の意味での教育の質を確保できないことが指摘されている（Prop.2009/10：139）。さらに，学生の単位取得数

の低さについても懸念されている。これまでの配分方法では学生数や学習成果量といった量的な判断によって補助金が配分されており，教育内容や教育業績を大学間で競うようなものではない。大学教育の質向上のためには，学生の数や学習成果量といった量的な側面を重視することよりも，大学教育の内容が学生の学力形成に寄与したかどうかがみられる必要がある。そのためには，学生の低いパフォ

表6-4　各教育分野における補助金の配分額

教育分野	フルタイム学生1人あたりの補助金額（クローナ）(2011)	学生の学習成果量に応じた補助金額（クローナ）(2011)	フルタイム学生の分布
人文，社会科学，神学，法学	21,614	18,972	41.9
自然科学	49,645	41,866	33.1
保　　健	52,779	45,713	7.4
教　　育	34,452	40,575	7.0
医　　学	58,979	71,740	5.3
そ の 他	39,869	32,387	2.5
音　　楽	121,367	76,738	0.7
デザイン	140,679	85,711	0.6
スポーツ	102,499	47,433	0.5
歯　　学	43,646	50,842	0.5
美　　術	199,718	85,742	0.2
メディア	285,414	228,628	0.1
演　　劇	279,680	139,306	0.1
ダ ン ス	196,699	108,687	0.0
オ ペ ラ	289,231	173,021	0.0

（出所）Högskoleverket. (2011) Rapport *2011: 8 R Universitet & Högskolor Högskoleverkets årsrapport 2011*.

ーマンス,長期化する就学期間について大学が積極的に取り組むことが課題としてあげられる。ラーニング・アウトカムズに関する諸政策は,大学運営の効率化にとって,また国際社会における競争力をつけるためにも重要だといえよう。

5．おわりに ―スウェーデンにおけるラーニング・アウトカムズを重視した学力政策の展望と課題―

　スウェーデンでは,高等教育機会の拡大によって若い世代が知識社会の基盤になることが目指されている。大学に入学する者の年齢は他国と比較して高いという現状があるが,国内の経済不況をうけて高校卒業後すぐに大学に進学する者の学生が増加している傾向にある。経済不況の影響は,大学入学者の増加を引き起こすだけでなく,大学修了後の進路にも波及している。大学を卒業しても働き口がなく,就学から就職への移行がスムーズにできないのである。就職できなかった学生は,留年して卒業を遅らせるという選択肢を選ぶ場合が多く,これが就学期間の長期化につながっている。大学教育に多額の税金を投入している政府にとって,学生の長い就学期間と低い就職率は改善するべき課題だといえる。

　大学で提供される教育は,社会において発揮できるものであることが求められており,専攻分野に関する知識の涵養,自律的に学習する姿勢,批判的思考力,問題解決力,ディスカッションのスキル,コミュニケーションのスキルを形成することが求められている。これらの能力が,プログラムやコース修了時にどの程度習得できたのかが評価される。また,社会においていかに発揮されているのかを

把握するために，学生や卒業生に対して調査も行われる予定である。
　大学教育を通じて得られた総合的な学習成果を大学教育の質保証として重視する政策には，次のような利点，欠点があげられるだろう。利点としては，第一に，大学教育の透明性を確保し，大学の説明責任を明示的にすることを目的としたラーニング・アウトカムズは効率のよい大学運営に寄与すると考えられる点である。第二に，ラーニング・アウトカムズを予算配分の一部にすることによって，大学が積極的に自身の教育内容の改善に取り組むインセンティブになる。第三に，ラーニング・アウトカムズは大学卒業後の学生に対する調査も行われるため，社会により良い人材を輩出するために，学生の学力と社会で求められている能力との適合を意識した教育内容の改善がなされるだろう。一方で，欠点としては次のことがあげられる。第一に，学生の学習成果を一定のものさしで測ることのむずかしさが指摘できる。知識量については試験によって把握することができるけれども，スキルや能力を指数で示すことは難しい。第二に，これらの判断は，評価する側によって基準が異なる場合がある。学習成果による結果が予算配分に影響するため，第三者機関による評価者は評価するための訓練がなされる必要があるだろう。第三に，学士・修士課程での学習成果による結果を財政配分に関連づけることは，慎重に行う必要があるだろう。学習成果と財政配分をリンクさせるなら，学問分野ごとの学習成果を明示することが求められると考えられる。現状の国家質保証枠組におけるラーニング・アウトカムズの枠組は大綱的であることから，大学側が学生の学習成果による結果をコントロールするという事態を避けるためにも，プログラムごとで身につけるべき知識，スキル，能力を詳細に提示

する必要があると考えられる。

　第四に，大学側が学生にしかるべき学力を身につけさせ，社会に出るための準備をさせたとしても，受け口がなければ，卒業後の移行がスムーズに行うことができない場合があるということである。長い就学期間について，大学側が関与することができても，低い就職率について大学ができることは限られている。就学から就業への移行については，大学教育の質保証とは別の側面（たとえば，就職支援制度について）からも議論する必要があるだろう。最後に，ラーニング・アウトカムズの評価が，誰のための評価であるのかを明示的にする必要がある。最終的な受益者は学生であるべきであり，高等教育の質保証の評価のあり方，評価結果を財政配分に反映させる方法をめぐって教育現場に混乱をもたらすような政策にならないように，議論が蓄積される必要があるだろう。

注
1）最も低いのはアメリカ合衆国（46％）で，次いでニュージーランド（53％）である。
2）博士学位の授与権をもつ3校を除いた私立の高等教育機関は，次の通りである。
　Esta sköndal University College, Gammelkroppa School of Forestry, Stockholm School of Theology, Johannelund Theological Seminary, The Newman Institute for Catholic Studies, Red Cross University College of Nursing, Sophiahemmet University College, Örebro Theological Seminary, Beckmans College of Design, University College of Music Education, The St Lukas Organization, Svenska Institutet för Kognitiv Psykoterapi, The Erica Foundation, Stockholms Akademi för Psykoterapiutbildning, Center för Cognitiv Psykoterapi och Utbildning i Göteborg AB
3）Chalmers University of Technology, the Stockholm School of Economics, Jönköping University Foundation の3校である。

4）たとえば、ルンド大学修士課程会計経営管理コースの場合、11万クローナを支払わなければならない。ウプサラ大学修士課程国際比較法プログラムの場合、授業料は9万クローナである。授業料については、大学がプログラムごとに金額を設定することができる。
5）ヨーロッパ経済地域（European Economic Area：EEA）加盟国およびスイスからの学生については、申請料・授業料は無償である。
6）この数は、出願者のうち、新しく大学に入学する者の数である。
7）ボローニャ・プロセスとは、ヨーロッパ域内における大学レベルの交流および協力の促進、大学の国際的競争力の強化を目的としたものである。具体的には、国家間の単位互換性を高めること、共通の評価枠組のもとで国内の枠組を設定すること、就学サイクルの統一などがある。高等教育段階は各国によって多様であったことから、学士（3年）―修士（2年）―博士（3年）に統一することになった。
8）質保証を行う独立機関は存在せず、高等教育庁の評価課が高等教育の質保証に関する評価を担当している。2008年時点で、国内で質保証局を設置するための検討が行われている。（Högskoleverket 2008）
9）質保証の結果を重視した予算配分は2013年から開始される予定である。
10）Regeringens proposition 2009/10:139 Fokus på kunskap-kvalitet i den högre utbildningen.
11）青山他（2004）によると、シドニー大学では、教育の質を向上させるために課程レベルで学生の満足度調査（Student Course Experience Questionnaire）を実施しているという。
12）そのうち、教育、スキル、総合的な満足度に関するスケールについては、回答必須のものであり、その他については各大学が独自に設定することができる。
13）高等教育段階のうち、第二段階（修士）には、1年間の准修士課程（Magisterexamen）と2年間の修士課程（Masterexamen）がある。ボローニャ・プロセスに加盟後も、准修士課程は維持されている。
14）この学問分野別の計数は、予算配分の際にのみ適応される。次にあげる大学は、異なる積算計数によって配分される。すなわち、スウェーデン農業科学大学、スウェーデン防衛大学、チャルマース工科大学、ヨンショーピン大学である。またルンド大学の航空操縦士コースやヴェクショー大学（現：リニア大学）のジャーナリスト養成コースは、地方自治体の自由裁量で使える政府補助金があてられる。

参考文献

Allan, J. (1996) Learning Outcomes in Higher Education. *Studies in Higher Education*, Vol.21, No.1, pp. 93-108.

Askling B., Bauer, M. and Marton., S. (1999) Swedish Universities Towards Self-Regulation: a New Look at Institutional Authority. *Tertiary Education and Management*, Vol. 5, pp. 175-195.

Engwall, L. (2007) Universities, the State and the Market: Changing Patterns of University Governance in Sweden and Beyond. *Higher Education Management and Policy*, Vol. 19, No. 3, p. 6.

Fägerlind, I. and Strömqvist, G. (2004) Higher Education Reform in the Global Context-What Ever Happened to the Nordic Model?. In Fägerlind, I. and Strömqvist, G. (Eds.) *Reforming Higher Education in the Nordic Countries-Studies of Change in Denmark, Finland, Iceland, Norway and Sweden*, UNESCO.

Gallavara, G., Hreinsson, E., Kajaste, M., Lindesjöö, E., Sølvhjelm, C., Sørskår, A. K., and Sedigh Zadeh, M. (2008) *Learning Outcomes: Common Framework-Different Approaches to Evaluating Learning Outcomes in the Nordic Countries*. Nordic Quality Assurance Network for Higher Education (NOQA).

Hämäläinen, K., Haakstad, J., Kangasniemi, J. Lindeberg, T., and Sjölund, M. (2001) *Quality Assurance in the Nordic Higher Education-accreditation-like practices*, European Network for Quality Assurance in Higher Education.

Josefson, K. Pobiega, J. and Stråhlman, C. (2011) Student Participation in Developing Student Feedback. *Quality in Higher Education*, Vol.17, No.2, pp. 257-262.

Kim, L. (2004) Massification in a Uniform System of Higher Education-the Swedish Dilemma. In Fägerlind, I. and Strömqvist, G. (Eds.) *Reforming Higher Education in the Nordic Countries-Studies of Change in Denmark, Finland, Iceland, Norway and Sweden*, UNESCO.

Melton, R. (1996) Learning Outcomes for Higher Education: Some Key Issues. *British Journal of Educational Studies*, Vol. 44, No. 4, pp. 409-425.

Nilsson, K. A. , Näslund, H. (1997) *Towarsd a Swedish Evaluation and Quality Assurance System in Higher Education*. Office of Evaluation, Lund University, Report No. 1997: 197.

OECD (2008) *OECD Economic Surverys: Sweden*. OECD.

OECD (2010) *Education at a Glance*. OECD.
Regeringens proposition 2009/10: 139, *Fokus på kunskap-kvalitet i den högre utbildningen*.
Regeringens proposition 2004/05: 162, *Ny värld-ny högskola*.
Sveriges Officiella Statistik (2010) *Universitet och högskolor-Sökande och antagna till högskoleutbildning på grundnivå och avancerad nivå höstterminen 2010*.
Trigwell, K. and Prosser, M. (1991) Improving the Quality of Student Learning: the Influence of Learning Context and Student Approaches to Learning on Learning Outcomes. *Higher Education*, Vol. 22, pp. 251-266.
Tuijnman, A. (1990) Dilemmas of Open Admissions Policy: Quality and Efficiency in Swedish Higher Education. *Higher Education*, Vol. 20, pp. 443-457.
Högskoleverket (2008) *Rapport 2009: 25R Kvalitetsutvärdering för lärande-Högskoleverkets förslag till nya kvalitets-utvärderingar för högskoleutbildningar*.
――(2010) *Rapport 2010: 10 R, Universitet&högskolorHögskoleverkets årsrapport 2010*.
――(2011a) *Rapport 2011: 8 R Universitet & Högskolor Högskoleverkets årsrapport 2011*.
――(2011b) *National Qualifications Framework*.
――(2011c) *Generell Vägledning för Självvärdering i Högskoleverkets System för Kvalitetsutvärdering 2011-2014*.
青山佳代・小湊卓夫・鳥居朋子 (2004)「シドニー大学における教育の質向上への取り組み―「課程満足度調査 (Student Course Experience Questionnaire: SCEQ)」を中心に―」『名古屋高等教育研究』第4号, 205-222頁。
OECD編著, 森利枝訳, 米澤彰純解説 (2009)『日本の大学改革―OECD高等教育政策レビュー：日本』明石書店。
大森不二雄 (2010)「学習成果に基づく学位課程のシステム的統合モデル―学士課程教育の構築と大学院教育の実質化の本質―」『国立教育政策研究所紀要』第139集, 101-110頁。
川嶋太津夫 (2008)「ラーニング・アウトカムズを重視した大学教育改革の国際的動向と我が国への示唆」『名古屋高等教育研究』第8号, 173-191頁。
関西学院大学総合教育研究室 (2009)『総研ジャーナル これからの学士課程教育―大学に何が求められているのか―』Vol. 94。

本所恵（2010）「スウェーデンの場合——数学のグループ・ディスカッションを評価する」松下佳代編『〈新しい能力〉は教育を変えるか——学力・リテラシー・コンピテンシー——』ミネルヴァ書房，228-249頁。
松崎巌（1976）「古代・中世・北欧人の生活と教育」梅根悟監修・世界教育史研究会編集『北欧教育史』講談社。
渡邊あや・米澤彰純（2003）「フィンランドにおける大学評価と財政配分のリンク」『大学評価』第3号，149-166頁。

スウェーデン高等教育庁ウェブサイト（http://www.hsv.se/）

第7章 エジプトにおける大学生の学力

田中　伸幸

1．はじめに

　現在約240万人の学生がエジプトの高等教育機関に通っており，そのうちの8割の学生が大学に通い，2割は高等専門学校に通っている（OECD & World Bank 2010）。エジプトでは，中等教育修了者や大学教育修了者の知識，技術，能力が問題視され，学業を修めた学生が保有する知識，技術，能力と実際に労働市場が求めるものとの不一致がみられている（小川・田中 2010a）。近年のエジプトでは，知識基盤型社会における競争を生き抜くために，国造り，そして国を支える人づくりが喫緊の課題となっている。本章では，エジプトにおける大学生の学力に係る諸相に関して，大学教育課程のみならず，その前段階から概説することを目的とする。はじめに，エジプトの教育制度を概観し，続いて，エジプトにおける教育の位置づけ，学力に関連するエジプトの国家戦略や政策，教育改革をまとめる。そして，エジプトの学生の学力の実際と，大学生の学力に係る諸問題について考察を行う[1]。

2. エジプトの教育制度の概要

　現行のエジプトの教育制度では、初等教育が6年間、前期中等教育が3年間、後期中等教育が3年間であり、その後に高等教育が位置する[2]。エジプトでは、前期中等教育は「準備教育（Preparatory Education）」、後期中等教育は「中等教育（Secondary Education）」と呼ばれている。現在、初等教育と準備教育の合計9年間が義務教育となっている。大学入学年齢は18歳とされ、大学に進学する学生は、主に中等教育課程において普通教育を受けた学生で、一部、技術教育を修了して入学する学生もいる。公立学校はすべての教育課程において、憲法により、原則無償の提供が保障されている。ほとんどの学生が公立学校に在籍するが、一部は私立学校に在籍している。エジプトでは初等教育、準備教育、中等教育は教育省（Ministry of Education）が管轄し、大学・大学院教育、高等専門教育は、高等教育省（Ministry of Higher Education）が管轄している。エジプトでは、近年、教育へのアクセスが飛躍的に改善し、ユネスコ統計局（UNESCO Institute for Statistics：UIS）の利用可能な最新のデータによると、粗就学率は、初等教育で105.7％（2009年）、準備教育で96.0％（2004年）、中等教育で73.9％（2004年）、高等教育で30.4％（2008年）となっている。識字率は、成人識字率が66.4％（2004年）、若年識字率が84.9％（2004年）である。上述のように、現在、エジプトの高等教育機関には約240万人の学生が在籍しており、そのうち8割が大学に在籍し、2割が高等専門学校に在籍している（OECD & World Bank 2010）。2007年時点で、国立大学は18校あり、私立大学は15校存在する（CAPMAS 2008）。なお、留学生に関しては、

外国からの受け入れが4万1,590人（2006/07年），外国への留学が6,545人（2004年）であり，その数は，エジプトの高等教育全体の在籍数と比べると極めて少ないものとなっている（OECD & World Bank 2010）。大学の学部教育だけでなく，大学院教育や科学技術政策に関しても重要視されており，近年発展がみられる。たとえば，近年では，日本との協同でエジプト日本科学技術大学（Egypt Japan University for Science and Technology：EJUST）が設立されている。エジプトの高等教育においては，教育プログラムに応じ，ディプロマ，学士号，修士号，博士号が授与される。

　エジプトにおける大学入学資格として，基本的にはエジプトの普通中等教育修了証（General Secondary School Certificate）あるいは外国の中等教育相当の修了証が必要となるが，若干ではあるが，エジプトの技術中等学校からの進学もある[3]。OECD & World Bank（2010）によると，普通中等教育の修了者のうち約5割が公立の大学に進学する一方，技術中等教育の修了者からは1％未満しか進学していない。学生が進学する大学そして学部は，中等教育段階で実施されるThanawiya Ammaと呼ばれるテストの点数によって決定され，政府により中央集権的に管理されている。学生はThanawiya Ammaにおいて，高い成績を修めなければ，自らが希望する大学や学部に進むことができない。よって成績によっては，学生が関心のない学部に入学しなければならないなどの問題も挙げられている（OECD & World Bank 2010）。このように，大学に入学するために，エジプトにおいては，中等教育段階において競争が強いられるが，試験による競争は，その前の教育段階にもさかのぼってみることができる。大学進学者のほとんどの割合を占める普通中等教育課

程に進むためには，学生は，準備教育段階における試験にて優秀な成績を修めなければならない。また，初等教育段階においても試験に合格しないと準備教育段階に進むことができず，試験の成績が悪い場合は，若干であるが，準備教育段階から技術課程に進むことになる。エジプトでは，技術教育と普通教育という2つの教育トラックが存在しており，普通教育の方が，大学進学の道程として優れていると一般的に考えられている（El Badawy & Roushdy 2009）。よって，大学教育の門戸は，主に国内において初等教育段階から厳しい試験制度による競争を突破した学生に開かれていると一般的に言うことができるであろう。その過程において，優秀な成績を修めることができなかった学生は，普通教育課程でなく，技術教育や職業教育に進学するか，あるいは労働市場に出ていくことになる。

3．エジプトにおける教育と国家戦略・政策・教育改革

では，そもそもエジプトにおいては，教育がどのようにとらえられ，どのような教育を提供することを目的とされてきたのであろうか。本節では，まずエジプトにおける教育観について概観した後，エジプトにおける学力に関する政府の戦略・政策・改革に関して考察する。

3.1 エジプトにおける教育

1952年のエジプト革命時点では，限られた数の学生しか大学に在籍しておらず，大学教育は一部のエリート層のためのものであった（Cupito & Langsten 2011）。また，エジプトにおいては，教育は

常に，国家安全保障（National Security）との関係性の中でとらえられてきた。この場合の国家安全保障とは，政治，経済，軍事を含む包括的な意味でとらえられていた。政治的な軸として，民主主義が取り上げられ，教育を通して，理解力および分析力を用いて，自由にそして勇気をもって議論することができ，他者の意見も聞き入れられる人物を育成することが目指された。また，経済的な軸として，個人の生産性に注目し，教育の量と質および個人の経験と技能が個人の生産性に影響を与え，ひいては国家の世界的な位置づけが決まると考えられていた。さらに，軍事的な軸に関しては，教育を未来の武器として捉え，エジプトが軍事的な有意に立つには，教育が重要であるとされた（ムバラク 1992）。さらに，1990年代は，エジプト国家は，国内のイスラム原理主義者との緊張関係が表出していた時期であった。エジプトの学術界やエジプトを支援する援助機関は，エジプト政府の目の行き届いていない，人々の憤懣がたまっている貧しい地域を対象に，イスラム原理主義者が，実際に基礎教育や保健システムを無償で提供することを通して，若者を自らの活動にリクルートしていると考えていた（Sayed 2005)[4]。

　このような教育観の中，エジプトにおいては，学力向上のために，どのような戦略・政策がとられてきたのであろうか。以下に1990年代以降を中心に考察する。多くの先行研究や政府文書が示しているように，これまでエジプト政府は，教育へのアクセスの拡大に重きを置いてきた。また諸外国からの支援においても，学校建設などが多くみられた[5]。その結果として，上述のように，初等教育，前期中等教育の就学率が高くなっている。しかし，多くのこれまでの調査が記述しているように，教育へのアクセスが向上する一方で，

教育の質,公平性,教育と労働市場のレレバンス,効率性,財政・マネジメント等における課題に関して多くの議論がなされている[6]。そしてエジプト政府は,外国や国際機関の支援を受けながら,積極的に,教育改革を推し進めてきた。

3.2 1990年代以降の国家戦略・教育政策・教育改革

1990年代初頭に,エジプトでは,教育にかつてないほどの注目が集まり,数々の国家戦略,教育政策が立てられ,教育改革が実施された。ここでは,まず教育システム全体,あるいは大学前教育における動向を考察し,高等教育の動向に関しては,後述する。1991年には,国会両院の開会における演説において,ムバラク大統領は,子どもが受けている教育は水準が低いものであるとの認識を示した上で,根本的な改革の必要性を説いている。そして,教育は,エジプトとエジプト人に将来を与えるものとして,その後数年において,教育改革と文化発展の年にすべきであるとした。また,その数日前のアラビア語学部の120周年祭においては,長期間において教育の量的な側面に注力してきたことを踏まえ,今後学生の能力が新しい世界の対応に役に立つ教育水準に,大きな関心や努力を注ぐべきであるとしている。また,教育改革はエジプトにおける生活の再構成を意味するとの認識があった(ムバラク 1992)。

1991年からは,教育はエジプトの巨大な国家プロジェクト(Egypt's National Great Project)としてとらえられた(SIS 2006)。そして,1992年に,ムバラク大統領が『ムバラクと教育―未来への展望―(Mubarak and Education: A Future Outlook)』を出版し,今後の教育政策の道筋が示された。そこでは,過去の事実認識とその反省,諸

外国の経験を取り上げ、エジプトの教育の今後の進むべき方向性が、幼児教育から大学教育、そして成人教育、識字にわたり広く取り上げられた。その中で、とくに、教育の内容に関しては、次のように示されていた。知識の詰め込み教育や暗記中心の教育を反省し、思考や分析能力を高めるような教育が求められ、新しい世界に対応できる教育が必要とされている。具体的にはカリキュラム改革として、詰め込みと繰り返しの排除、授業日数の延長、解答のパターン化、技能・能力の獲得、宗教教育の重視、数学・科学といった未来への科目の重視、言語の重視（母国語であるアラビア語、そして外国語）、歴史の重視、基礎教育段階における技術教育の基礎を掲げた（ムバラク 1992）。

　さらに、1990年代以降に一連の教育会議が開催された。1993年には初等教育の向上に関する会議、1994年には準備教育の向上に関する会議、1996年には、教員に関する会議が開催された。2000年には、有能な人々に関する国家会議（National Conference for Talented People）が開催された（SIS 2006）。2002年に発表された第5次五か年計画では、教育戦略の主要な要素のひとつとして、グローバリゼーション、ITそして学術発展により課せられるさまざまなチャレンジに対応するために教育の質を向上させるとしている（MOP 2002）。2003年に教育省は、「エジプト国家教育基準（National Standards of Education in Egypt）」を発表し、エジプトにおける質の高い教育を実現することを目的とした。その基準が対象とする、主要な領域のひとつに、カリキュラムと学習成果が決められた。そこには、個々の教科の基準に加え、基礎技術や思考技術、他者との交流、個人の特性や性格、基本哲学やカリキュラムの目的、カリキュ

ラムの内容，教授・学習方法，知識や技術，評価の情報源といったカリキュラム基準が含まれている（El Baradei & El Baradei 2004）。この国家基準は，教育目標とアカウンタビリティの基準を定めるに当たり，中央行政の権威を増やし，改革のために必要な支援を行うことを求めている（UNESCO 2006）。さらに，2004年には，ムバラク大統領は，エジプトの教育政策の方向性のひとつとして，現在および未来の両方のための内容に焦点を当てるために，そして学生が人生において知識を発展させることができる能力を高めるために，教育のさまざまな段階において，教育科目や教授方法を発展させることとした（MOHE 2007）。2006年には，国家教育の質保証・認定機関（National Authority for Quality Assurance and Accreditation of Education：NAQAAE）が設立され，初等教育から高等教育までを含む国家レベルでの教育の質保証の枠組みが作られた（MOE 2007）。その後2007年には，大学前教育のための国家戦略（National Strategy for Pre-university Education 2007-2012）が発表された。そこでは，12の優先プログラムが設定されており，その中のひとつが，カリキュラムおよび指導技術に関する包括的改革プログラムである。このプログラムでは，幼児教育から中等教育までのすべての教育段階において新しい基準やガイドラインの導入や，アラビア語による教育を高めること，カリキュラムデザインや指導法に関する専門家集団を作ることなどが目標として設定された（MOE 2007）。同年発表の第6次五か年計画においては，大学前教育分野の政府戦略に関して3つの柱が設定され，そのうちのひとつが教育の質についてである。そこでは，教育改革，教員訓練およびプロフェッショナル能力向上，教育カリキュラムと学生活動の向上，そして教育プロセスの

向上,試験・評価システムの向上,才能があり優秀な学生を育てるためにコンピューターといった技術を効果的に組み入れることにより,教育の質に注力するとしている。他の2つの柱は,教育へのアクセス向上と,教育システムの効率向上に関する柱である(MOED 2007)。また教員政策として,教育法が修正され,教員養成制度が改正された(MOE 2007)。

3.3 エジプトにおける学習計画の一例

このように,1990年代,2000年代に,さまざまな教育改革がなされ,政府の戦略・政策も立てられた。ここでは,具体的な学習計画の変遷の一例として,国立教育研究開発センター(NCERD)が2001年に発表した国家報告書(*Educational Development National Report of Arab Republic of Egypt from 1990 to 2000*)を基に,初等教育における学習計画(科目と授業数)の変遷について考察する[7]。

表7-1は,エジプトの初等教育の週間授業計画を示したものである。初等教育は,一教科あたり平均45分の授業が行われ,一年間で38週,9か月間授業が行われる。この表から主に以下の点が分かる。第一に,履修科目数に注目すると,1990年から2000年までの間で,1年生から3年生までは,7科目で科目数は変わっていないが,4年生,5年生では科目数が9から13科目に増加している。第二に,2000年には新しい教科が設定された(アラビア書道,外国語,コンピューターなど)。第三に,1990年には存在していたが,2000年には教えられなくなった教科がある(一般情報・活動,テクノロジー)。第四に,全体の時間数は,1年生から5年生まで,すべてにおいて一週間あたりの授業時間数が増加した。1年生から3年生ま

表7-1 初等教育における学習計画(週間)1990年と2000年の比較

	1年		2年		3年		4年		5年	
	1990	2000	1990	2000	1990	2000	1990	2000	1990	2000
宗教教育	3	3	3	3	3	3	3	3	3	3
アラビア語	10	12	10	12	10	12	10	11	8	11
アラビア書道	−	2	−	2	−	2	−	1	−	1
外国語	−	−	−	−	−	−	−	3	−	3
数学	6	6	6	6	6	6	6	6	6	6
社会	−	−	−	−	−	−	2	2	2	2
科学	−	−	−	−	−	−	2	2	4	3
一般情報・環境活動	3	−	3	−	6	−	−	−	−	−
教育活動・実践スキル	−	10	−	10	−	10	−	−	−	−
美術	2	−	2	−	2	−	2	2	2	2
体育	2	−	2	−	2	−	2	3	2	3
音楽	1	−	1	−	1	−	1	2	1	2
実践分野	−	−	−	−	−	−	−	1	−	1
メインテナンス	−	−	−	−	−	−	−	1	−	1
テクノロジー	−	−	−	−	−	−	2	−	2	−
コンピューター	−	1	−	1	−	1	−	−	−	−
図書館学	−	1	−	1	−	1	−	1	−	1
合計時間	27	35	27	35	30	35	30	39	30	39
合計科目数	7	7	7	7	7	7	9	13	9	13

(出所) NCERD (2001) およびUNESCO IBE (2006) をもとに筆者作成

では,1990年では27時間/週であったのが,2000年では,35週/週になっている。4年生,5年生では,1990年に30時間/週であったのが,2000年では,39時間/週となっている。第五に,科目ごとの時間を見ると,アラビア語や体育などの1週間あたりの時間が増加している。エジプトでは1996年の初等教育の1年次入学者

より初等教育は6年制となった。大久保（2002）によると，初等教育が5年制から6年制に代わるにあたり，1年生から3年生までで教えられる内容は変わらないが，いままで4年生，5年生の2年間で教えられていた内容が，6年生も加え，合計3年間で教えられることとなり，従来よりも時間的なゆとりが生まれたとしている[8]。なお，私立学校のカリキュラムや学習計画は，基本的に教育省が認めた公式カリキュラムに沿うが，語学など追加のカリキュラム設定が自由に認められている（UNESCO IBE 2006）。

3.4 高等教育における教育改革および質保証の枠組み

　大学前教育のみならず，エジプトでは，高等教育分野においても積極的に改革が進められてきた。以下では，高等教育に焦点を絞り，近年の改革および質保証の枠組みについてまとめる。エジプトでは，1989年から工学・技術教育プロジェクト（Engineering and Technical Education Project）が開始され，これが現在まで続く高等教育改革の取りかかりとなった。2000年には，「高等教育に関する国家会議（National Conference for Higher Education）」において高等教育改革計画が提出，議論され，今後の高等教育の行く先がまとめられた（HEEP website）。会議の成果物として，今後の改革への提言がまとめられ，その中には，国家質保証委員会の設立といったように，質保証に関するものが含まれた（Said 2001）。その会議に続き，2002年からは，「高等教育向上プログラム（HEEP）」が開始され，「高等教育向上プログラム基金（Higher Education Enhancement Program Fund：HEEPF）」「情報通信技術プログラム（Information and Communications Technology Project：ICTP）」「教員リーダーシップ開発

プログラム (Faculty Leaders Development Project：FLDP)」「教育学部プロジェクト (Faculty of Education Project：FOEP)」「エジプト専門学校プロジェクト (Egyptian Technical Colleges Project：ETCP)」「質保証・認定プロジェクト (Quality Assurance and Accreditation Project：QAAP)」という6つの優先プログラムが設定された。その中でとりわけ「質保証・認定プロジェクト」に関しては、その後のエジプトにおける質保証枠組みの決定につながっていくものとなった。上述のように、2006年には、NAQAAEが設置され、政府から独立した形で、教育の質保証・認定を行うことが開始された。私立大学も例外ではなく、このNAQAAEの枠組みのもとに管轄されることとなった。質保証・認定プロジェクトは、その後の「国家学術レファレンス基準 (National Academic Reference Standards：NARS)」発展の軸となった。そして、このNARSは、大学の学部ごとに決定される「意図する学習成果 (Intended Learning Outcomes：ILO)」を策定するための推進力の布石となった。このILOとは、各学部が設定する、大学のプログラムやコースを通して学生が獲得する知識・技術の基準であり、教員たちは、学生の学習成果をこのILOに基づいて評価することが求められた (OECD & World Bank 2010)。教育の成果に対する枠組みは、このように学部別に設定されることとなった。しかし、個々の高等教育機関に割り当てられる政府財源の配分基準は、教育の質や、労働市場とのレレバンス等によるものではなく、概して、何の基準にも基づいていない。また、大学内での財源配分においても、明確な分配メカニズムは存在しない。2003年からはHEEPFの取り組みとして、大学の教育の質の改善のための競争資金の導入が実施された (OECD & World

Bank 2010)。

3.5 エジプトの教育分野に対する外国の支援

エジプトでは,教育システムを改善するために,これまでにさまざまな対外支援を受け入れ,ともに教育改革を実施してきた。学校建設などのアクセスに係る支援だけでなく,カリキュラムなど教育の質に関する支援も実施されてきた。たとえば,日本からの支援として,1997年から2000年にかけて,国際協力事業団は,国立教育研究開発センターをカウンターパートとして,専門家を派遣することにより「エジプト小学校理数科授業改善ミニプロジェクト」を実施し,初等教育の理数科教師のためのガイドブックの作成を行った(国際協力事業団 2000)。さらにこれを踏まえて2003年から2006年までの間,「小学校理数科教育改善プロジェクト」が実施された(国際協力機構エジプト事務所 2006)。そこでは,上述のミニプロジェクトを踏まえ,さらに改善したガイドブックの作成が実施された。さらに,上述のように,日本は,エジプト日本科学技術大学を支援している(国際協力機構 EJUST ウェブサイト)。また米国国際援助庁(USAID)は,エジプト教育改革プログラム(Education Reform Program:ERP)を実施し,質の高い教育の確保のための支援を実施した(EQUIP website)。さらに,世界銀行は,1997年から2002年まで,教育向上プログラム(Education Enhancement Program:EEP)を実施し,アクセスと公平性の向上,学習パフォーマンスの質の向上,教育システムの効率化を目的とした(World Bank 2007)。1999年から現在まで,中等教育向上計画(Secondary Education Enhancement Program:SEEP)を実施し,教育の質の向上とアクセスの拡大など

を目的としている (World Bank 2011)。また、上述の HEEP においても、世界銀行はエジプト政府を支援してきた (World Bank 2002b)。さらに、近年、世界銀行は経済協力開発機構 (Organization for Economic Co-operation and Development：OECD) と共同で、エジプトの高等教育分野の再考察を行い、報告書を公表している (OECD & World Bank 2010)[9]。

4．エジプトの学力の実際と学力を取り巻く議論

このように1990年代以降、これまで以上に教育の質の改善に重きを置き教育改革を進めてきたが、エジプトでは、現在も学生の学力を取り巻くさまざまな議論がなされている。以下では、学力の実際の一側面と、エジプトの大学生の学力を取り巻く議論を、さまざまな先行研究のレビューをもとにまとめる。学力に関して、一般的に、そして、しばしば国際比較の文脈で取り上げられるのは、国際教育到達度評価学会 (International Association for the Evaluation of Educational Achievement：IEA) の国際数学・理科教育調査 (Trends in International Mathematics and Science Study：TIMSS) や OECD の生徒の学習到達度調査 (Programme for International Student Assessment：PISA) といった国際的な学力調査の結果である。本研究では、国際学力調査の結果および、市川 (2001) が提示している「学力」を捉える3つの種類を参考にして、エジプトにおける学力の諸相を考察していく。すなわち、第一に、学生がもっている知識や技能、第二に、文書読解力、論述力、討論力、批判的思考力、問題追及力などの能力、そして第三に、より広義に学力をとらえた場

合の,自発的な学習意欲や知的好奇心,計画力などの能力である。

4.1 試験結果からみた学力の一考察

上述のように,エジプトは生徒の学力向上のために,教育の質の問題に取り組んできているが,学力に影響を与えうるさまざまな問題が,一般的に存在する。そして,教育の質に問題があると指摘する研究,調査が多くみられる。エジプトは,学生の学力を図るために,これまでに国際的な学力調査に参加し,国内においても学力調査を実施してきた。

エジプトは2003年と2007年に第8学年向けの TIMSS に参加した[10]。TIMSS の目的は,「さまざまな種類のカリキュラム,指導の実践そして学校環境との関連で,生徒の学力に関するデータを提供することにより数学と科学の教育と学習を改善する」(IEA website) ことであり,第8学年を対象とした数学のテストでは,数字 (Number),算術 (Algebra),幾何 (Geometry) およびデータ・確率 (Data and Chance) に関する内容を問う問題が出され,加えて,認識力を問うための,知識 (Knowing),応用 (Applying),論理 (Reasoning) の問題が出される。科学では,生物 (Biology),化学 (Chemistry),物理 (Physics),地学 (Earth Science) に関する内容を問う問題が出され,知識,応用,論理の認識問題が出される。

第8学年対象の TIMSS では,エジプトでは前期中等教育課程に在籍する生徒が調査対象となる。2003年度のエジプトの平均スコアは,数学が406点,科学が421点であり,数学は全参加国46か国中,36位,科学は46ヵ国中,35位であった (Mullis et al 2004 ; Martine et al 2004)。2003年の TIMSS の結果は,エジプトの教育シス

テムにとって「電気ショック」のようであり、数学・理科のみならず全教科における教育改革を加速しなければならないという機運になった（Aggarwala 2004, p.19）。2007年のエジプトの平均スコアは、数学が391点、科学が408点であり、数学は、全参加国49ヵ国中第38位、科学は49か国中41位であった（Mullis et al. 2008；Martin et al. 2008）。

また、2003年の調査結果に関して、World Bank（2005）は学生の所属学校種別の分析結果を示している。それによると、数学は、上述のように国家平均は406点であったが、学校の種類によって大きなばらつきがみられた。最も良いパフォーマンスをみせたのが、私立語学学校の学生であり、529点であった。次に良い成績であったのは、公立の実験校の学生で509点であった。逆に従来の公立校は最も悪く400点であった。科学の点数に関しても同様の傾向がみられた。最も良い成績が私立の語学学校で、最も悪い成績が公立学校であった。

なお、高等教育段階での学習成果を図る国際学力テストとしては、OECDが「高等教育における学習成果の評価（Assessment of Higher Education Learning Outcomes：AHELO）」の実施を予定しており、エジプトは、一般的技能（General）、経済（Economics）、工学（Engineering）の全3分野において参加予定である（OECD AHELO website）。

エジプト国内では、国立試験・評価センター（National Center for Examinations and Educational Evaluation：NCEEE）によって1997年と2001年に学力調査が実施されている。世界銀行のEEPによれば、1997年と2001年の間には、大きな進歩はみられなかったとのこと

である。この学力調査は，1997年は，シャルキーヤ，ファイユーム，ベヒラ，ケナの4県の5,940人の第5学年の生徒および4,440人の第8学年の生徒を対象に行われ，アラビア語，数学，批判的思考能力が問われた。2001年には，追跡調査が行われファイユーム県にある1997年実施の学校と同じ学校の第5学年と第8学年の生徒が対象とされた（World Bank 2002a）。

また，エジプト国内でも学力調査が実施された。「エジプト若者調査（Survey of Young People of Egypt）2009」の調査報告書に学力テスト結果が示されている。その学力調査は，複数選択式のものであり，アラビア語リテラシー，数式リテラシー，批判的思考能力が問われた。そこでは，都市部や裕福な家庭出身の生徒が高い点数を示しており，また地域によってもばらつきがみられた（Krafft & El Kogali 2010）。

さらに，各教育段階での試験（初等教育は第3学年と第6学年，準備教育は第3学年，中等教育は第3学年）の結果からも，試験の合格率は上昇しているが試験結果の質の低さや個人スキルや技術，コミュニケーション，言語，思考技術といった重要なライフスキルの改善といった問題が示唆されている（NCERD 2008）。

これら調査結果からは，将来大学生になる学生を含むエジプトの学生の学力の傾向として以下のように考えられる。第一に，国際的に比較すると，数学，科学の学力がエジプトでは低い。第二に，国内での学力調査においても，学生の学力は低いと認識されている。そして，第三に，学生の学力は，家庭環境などにより，ばらつきがみられる。

4.2 大学前教育における学力に係る問題

上述のように国際学力調査などの結果を比較すると，全体として学力レベルにまだまだ改善の余地があり，国内での学力のばらつきもみられているが，エジプトでは，大学前教育段階における生徒の学力に関連するさまざまな議論がこれまでに行われてきた。以下，学習時間の短さ，カリキュラムや指導法の問題，試験のための教育，そして親・子どもが教育に求めるもの，という4つの側面から大学前教育における学力に係る諸問題を考察する。

(1) 学習時間の短さ

エジプトでは，授業時間の短さが，教育問題のひとつとされている。上述のように近年のエジプトでは教育へのアクセスの拡大がみられたが，その拡大にさまざまな学校設備が間に合わないなどの理由により，二部制，三部制の授業を行っているクラスが多くみられる[11]。実際，大久保（2007）が指摘するように，慢性的な学校不足，教室の不足により，二部制の授業がとられたりする。さらに，初等教育および準備教育では，全体の3分の2が二部制あるいは三部制で運営されており，算数等の基礎科目における学習時間が，一部制のクラスに比べて少なくなり，週に約5時間，年間で約170時間の差が生じるという指摘もされている（国際協力事業団 2000）。

(2) カリキュラムや指導法の問題

教育省は，2007年に発表した2012年までの大学前教育の教育戦略書の中において，カリキュラムに関して，以下の点について現状の課題としてあげている。第一に，カリキュラムがとらえているも

の,すなわち学習対象が,狭義の知識や暗記のみとなっており,分析や総合力,評価といった,高度の認識能力に対する教育評価が,ほとんどあるいは全く含まれていないとしている。第二に,カリキュラムや必要とされる技量に関する批判的討論への教員の参加が欠けている。第三に,授業において知識をどのように応用するかということを学ぶことを犠牲にして,試験を受けるための技術だけを過度に強調している。(MOE 2007)。また,加えて,教育省は,カリキュラム偏重の教授法や,暗記中心の教育を改革しようにも,学生自体が,試験に出ることを学ぶことのみに関心があることが,それを難しくしているという点も指摘している(MOE 2007)。

(3) 試験のための教育

エジプトでは,初等教育,準備教育,中等教育の各教育段階の修了時に,修了試験が行われる。試験に受からなければ次の教育段階に進学することができないので,学校での教育が暗記中心の教育に陥る傾向にあり,学校では,試験に合格するためだけの教育が重視されることになっている。たとえば,大久保(2007)は初等教育に関して,学校の授業では,試験で良い点をとるために試験に出る内容をいかに効率的に暗記するかという,試験前提の学習が行われていると指摘している。また,授業中も,生徒同士の交流や,生徒が自ら考える時間が十分に確保されておらず,教師から生徒への一方的な講義形式となっていると指摘している。この事実からは,たとえ試験のためであれ知識はたくさん獲得できるかもしれないが,思考能力や積極的な学びの姿勢というものとはかけ離れていると考えられよう。初等教育修了試験は厳しく,北山(2008)によると,初

等教育の卒業試験としての試験は非常に厳しく，2001年において公立の初等教育の最上級生の12％が留年している。また，準備教育修了時の試験も非常に大きな意味をもつ。よい成績を修めたものは普通課程の中等教育に進学することができるが，成績が悪いものは，技術・職業学校への進学となり，上述のように，その後，大学への進学が非常に難しくなる。中等教育修了時の試験が最も激しくなり，社会問題化している。上述のように，進学する大学は，学生のThanawiyaの点数によってきまり，また大学の中のプログラムも点数によって決まる。人気のある学部は高い点数が必要となり，一方低い点数でも入学できるものがある。これら，人気を決めるのは，その後就職に有利であるかどうか，という点が大きい模様である。であるとするならば，必然的に，良い大学に行くためには，試験において高い成績を修めなくてはならなくなる。そしてその試験は，暗記中心のカリキュラムを経たものとなるので，必死で覚えようとするのである。また，中等教育のカリキュラムに関しても，田中（2007）が指摘するように，試験に合わせて作られている。さらに問題なのは，とくに公立の学校では，これら暗記教育でさえ，十分に行われているとは言い難い状況となっており，学校における正規の授業外で行われる家庭教師が蔓延している状況である。普通教育に在籍し，中等教育修了時の試験でよい成績を修め，晴れて大学生になった「エリート」学生も，暗記中心の学習を行ってきたこと，そして学力を育てる土壌がないことの弊害はあるようである。その一側面が，企業側からみた不十分な学生の能力，ニーズの不一致ということになるであろう。

(4) 親・子どもが教育に求めるもの

　また，エジプトでは，そもそも，教育に対して親・子どもが求めるものにも，要因がみられる。田中 (2007) は，エジプトに関して，学歴病社会であるとし，親や生徒自身が求めているのは，就職に有利となる大学や学部に入学することであり，それを決定する成績でいかによい結果を残すのかということのみに注目している。そして，その結果を出すための試験勉強への努力が集中していて，その他のことは，できる限り手を抜いていると指摘している。また，学生の多くは，エジプトにおける社会階層の中で，今よりもより高い地位に上るためのツールとして教育を求めている側面がある (El Sebai 2006)。さらに，たとえ，卒業後に労働機会が得られることがなくとも，大学に進学すること自体の名声を追及することが，学生にとって大きなインセンティブとして働くのである (Shahine 2001)。また，国際協力事業団 (2000) は，初等教育における理数科教育の状況について，児童の学習状況，学力に関する明確な情報を得ることができず，訪問調査を行った際に，「子どもの成績はどうか」という質問をした際に回答がほとんど得られなかったことから，エジプトでは学力問題に対して関心が高くないとも考えられると報告している。

4.3　大学教育における学力に係る問題

　大学前教育段階に加え，大学教育段階においても生徒の学力に関して，注目すべき課題がいくつも存在している。以下では，画一的な大学入試制度，近年設置された新しい大学教育プログラム，大学の教育の質の3点についてまとめる。

(1) 画一的な大学入試制度

すでに述べたように,エジプトの大学入試は,基本的に Thanawiya Amma と呼ばれる試験結果によって左右される。それがすべてであり,社会問題としてとらえられている。この制度では大学生となる学生の学力は,詰め込みの知識の側面でしか測られていないことになり,論理的思考能力などが測られていないことになる。

(2) 大学入学基準が緩和された教育プログラムの設置

上述のように,エジプトにおいては,基本的に初等教育段階からの厳しい競争に勝ち抜いてきたものが,大学に入学するという構図になっているが,通常の大学入学基準よりも低い若者も大学に進学することができる仕組みが存在する。大学入学基準は,政府で決定される非常に厳しい競争であるが,近年一部のプログラムにおいてより低いレベルで入学可能な状況が作られた。それは Intisseb プログラムと呼ばれるもので,公立大学の通常プログラムに並行する形で存在し,通常プログラムに進学する高校卒業者よりも低い資格をもった高校卒業生が在籍する。エジプトの公立大学は通常無償で行われるが,このプログラムにおいては,学生は一定の学費を払うことで大学在籍が許可され,2006/07年における在籍学生は約34万3,000人であり,エジプトの公立大学在籍者に対して約23％となっている。大学一年次の最後の上位5％が,通常クラスに転籍することができる(OECD & World Bank 2010)。このプログラムは,学力が低い高校卒業者も大学生になるという学力の問題だけでなく,一定の支払いを伴うことから,教育の機会の公平性にもつながる問題であるといえるであろう。

(3) 暗記中心の教育・質の低い教育

　大学前教育の問題としてあげられた，試験のための暗記中心の教育は，大学教育段階においてもみることができる。これは，最終的に，労働市場のニーズとの不一致につながることになる。エジプトの教育システムは，暗記に基づく教育で，古いカリキュラムに基づいており，また受け身中心であり，労働者として求められる色々な場面における応用可能な問題解決能力といったような高い認識力，複雑なコミュニケーション能力，批判的推論能力，分析力が，教育システムにおいて獲得できないのである（World Bank 2002a；OECD & World Bank 2010；Malak 2011）。実際，2007年に行われた調査（The QAAP Internal Audit Survey）によると，大学卒業生は個人のスキルや科目専門性，そして雇用に関連する技術をもっていないことが示されている（OECD & World Bank 2010）。さらに近年では，少人数制による質の高い教育や学生の外国語能力を高めるために，国立大学内に一部有償の Credit Hours System を開始し，また外国語プログラムの導入が行われている。しかし，上述のような質の問題は根本的には解決されていない。

5．おわりに

　現在，エジプトはその高等教育システム内に多数の大学生を抱えているが，とくにその質の問題や，労働市場が求めるニーズとの乖離がみられている。近年の大学就学者数の急増に伴い，教育システム全体で質の問題が取り上げられ，暗記中心の詰め込み教育の反省および新しい技術を取り入れた教育をめざし，政府は対外支援を受

けながら，カリキュラム改革を含む一連のさまざまな教育改革を実施してきた。しかし，国際的なあるいは国内における学力調査においては，生徒の学力にはばらつきがあるものの，全体的に低いという結果が出ている。エジプト国内では，厳しい競争に勝ち残った者が大学生となっているが，その厳しい教育で培ったものは，あくまでも試験に対応するための，暗記中心の詰め込みの知識としての学力であり，論理的思考能力などの側面における学力の欠如がみられる。暗記中心の詰め込み教育の傾向は大学教育においてもみられる。より有能な人づくり，新しい国づくりには，より一層の教育改革が必要となるのであろう。エジプトが現在コミットしているOECDの高等教育における学習成果の評価（AHELO）の結果が注目される。

注
1）本章は，2011年の革命，そして政権崩壊以前のムバラク大統領の統治時代の状況，とりわけ1990年代，2000年代の状況を中心に記している。
2）1996年9月入学の新入生から初等教育が5年から6年に変更された。2002年に実際に6年制となった。エジプトでは従来6年制であった初等教育が，財政理由により，5年制となっていたが，教育レベルの低下のため再度6年制に変更された（北山 2008）。
3）私立大学では，加えて語学等，独自の入試試験を課しているところもある。たとえばカイロアメリカン大学（American University in Cairo）の場合，エジプトやアメリカ，その他認められた中等教育修了証書に加え，基本的に英語能力の証明を提出することが求められている（AUC website）。
4）イスラム原理主義との緊張関係に関しては，エジプト政府だけでなく，援助機関（とくに欧米の援助機関）にとっても安全保障問題であった（Sayed 2005）。
5）就学者数の拡大に加え，初等教育，中等教育では中東戦争の影響で，財政の教育への割り当てが十分でなかったとの指摘もある（岸本 1996）。
6）たとえば，教育の質とレレバンスの問題は，Kenawy（2006），Galal（2002），小川・田中（2010a），財政問題は World Bank（2005），マネジメント・ガ

バナンスに関しては，Ginsburg et al.（2010），科学技術・研究開発は，小川・田中（2010b）などを参照。
7）本パートは，NCERD（2001）とUNESCO IBE（2006）を主に参考にした。
8）エジプトでは，初等教育の高学年（4年，5年，6年）では，全科目教科担任制がとられている（田中・ガネーム 2008）。
9）その他に欧州連合，ユニセフ，ドイツ技術公社などからの支援実績がある。
10）TIMSSでは第四学年を対象としたテストも実施されている。エジプトはPISAには参加していない。
11）1992年に発生した地震による校舎の崩壊も要因のひとつとして考えられる。内海（1994）は，1992年に発生した地震の影響により約1,500校の校舎が使用不可能となったと報告している。

参考文献

市川伸一（2001）「学力低下論争の構図と「もう一つの学力低下論」」「中央公論」編集部・中井浩一編『論争・学力崩壊』中央公論新社，209-231頁。

内海成治（1994）「Ⅰ-3 エジプトの教育」『開発と教育 分野別援助研究会報告書 現状分析資料編』国際協力事業団，25-33頁。

大久保和義（2002）「エジプトプロジェクトの経験から」『平成14年度 日本科学教育学会年会 第26回年会 数学委員会関連課題研究録』日本科学教育学会。

大久保和義（2007）「エジプト教育改善プロジェクトに参加して」『CS研レポート』第60号，42-50頁。

小川啓一・田中伸幸（2010a）「エジプトにおける中・高等教育と労働市場」山内乾史・原清治編『学歴と就労の比較教育社会学—教育から職業へのトランジションⅡ—』学文社，101-132頁。

小川啓一・田中伸幸（2010b）「科学技術発展に向けた高等教育の研究環境への一考察—カイロ大学理学部を事例に—」『国際教育協力論集』第13巻第1号，69-81頁。

岸本睦久（1996）「エジプト」『諸外国の学校教育アジア・オセアニア・アフリカ編』文部省大臣官房調査統計企画課，207-213頁。

北山雅士（2008）「エジプト・アラブ共和国小学校理数科教育改善プロジェクトに参加して—エジプトの小学校の現況—」『理大科学フォーラム』第25巻第6号，41-44頁。

国際協力機構EJUSTウェブサイト，http://www.jica.go.jp/project/egypt/

0604392/index.html

国際協力機構エジプト事務所(2006)『エジプト・アラブ共和国 小学校理数科教育改善プロジェクト終了時評価調査報告書』国際協力機構。

国際協力事業団(2000)『エジプト国 小学校理数科教育改善 基礎調査団報告書』国際協力事業団。

田中邦明・ガネーム,タフィーダ(2008)「エジプトにおける理科教員研修とその評価(その2)―簡便な実験による概念転換授業戦略を導入した教師へのインタビュー調査―」『北海道教育大学 教育実践総合センター紀要』第9号,103-118頁。

田中哲也(2007)「エジプトにおける学歴病と中等教育課程」『福岡県立大学人間社会学部紀要』第16巻第2号,53-67頁。

ムバラク,ホスニ(イサム・ハムザ訳)(1992)『ムバラクと教育―未来への展望―』発行者不明。

Aggarwala, Narinder K. (2004) *Quality Assessment of Primary and Middle Education in Mathematics and Science* (TIMSS), Retrieved from http://www.iea.nl/fileadmin/user_upload/docs/UNDP_report.pdf

American University in Cairo (AUC) website, http://www.aucegypt.edu/

CAPMAS (2008) *Statistical Year Book 2008*, Cairo: CAPMAS.

Cupito, Emily & Langsten, Ray (2011) Inclusiveness in Higher Education in Egypt. *Higher Education*, 62(2), 183-197.

El Badawy, Asmaa. & Roushdy, Rania. (2009) *Impact of International Migration and Remittances on Child Schooling and Child Work: The Case of Egypt*, Paper Prepared for the MENA International Migration Program. Retrieved from http://paa2010.princeton.edu/download.aspx?submissionId=101805

El Baradei, Mona & El Baradei, Laila (2004) *Needs Assessment of the Education Sector in Egypt*. Retrieved from http://www.zef.de/fileadmin/webfiles/downloads/projects/el-mikawy/egypt_final_en.pdf

El Sebai, Nahla. (2006). The Egyptian Higher Education System: Towards Better Quality in the Future. *Journal of Futures Studies*, 11(2), 75-92.

EQUIP website, http://www.equip123.net

Galal, Ahmed (2002) *The Paradox of Education and Unemployment in Egypt*, Cairo: The Egyptian Center for Economic Studies (ECES).

Ginsburg, Mark, Nagwa Megahed, Mohammed Elmeski, Nobuyuki Tanaka

(2010) Reforming Educational Governance and Management in Egypt: National and International Actors and Dynamics, *Education Policy Analysis Archive*, 18(5). Retrieved 11/24/2011, from http://epaa.asu.edu/epaa/v18n5.

HEEP website, http://www.heep.edu.eg/

IEA website, http://www.iea.nl/

Kenawy, Ezzat Molouk (2006) "University Education and its Relation to Development in Egypt," *Journal of Applied Sciences Research*, 2(12) : 1270-1284.

Krafft, Caroline and El-Kogali, Safaa (2010) Chapter 3 Education. *Survey of Young People in Egypt Final Report*, Cairo: Population Council.

Malak, Reda (2011) *Education, Innovation and Labor: Obstacles to Egypt's Competitiveness*, Almalaurea Working Papers No.18.

Martin, Michael O., Mullis, Ina V. S., & Foy, Pierre. (with Olson, John F., Erberber, Ebru., Preuschoff, Corinna., & Galia, Joseph.). (2008) *TIMSS 2007 International Science Report: Findings from IEA's Trends in International Mathematics and Science Study at the Fourth and Eighth Grades*. Chestnut Hill, MA: TIMSS & PIRLS International Study Center, Boston College.

Martin, Michael O., Mullis, Ina V. S., Gonzalez, Eugenio J., & Chrostowski, Steven J. (2004) *TIMSS 2003 International Science Report: Findings From IEA's Trends in International Mathematics and Science Study at the Fourth and Eighth Grades*, Chestnut Hill, MA: TIMSS & PIRLS International Study Center, Boston College.

Ministry of Economic Development (MOED) (2007) *The Sixth Five-Year Plan 2007-2012*, MOED.

Ministry of Education (MOE) (2007) *National Strategic Plan For Pre-University Education Reform in Egypt*, Cairo: Ministry of Education.

Ministry of Higher Education (MOHE) (2007) *Guide to Higher Education*, Cairo: Ministry of Higher Education.

Ministry of Planning (MOP) (2002) *The Fifth Five-Year Plan for Socio-Economic Development (2002-2007) & First Year*, MOP.

Mullis, Ina V. S., Martin, Michael O., & Foy, Pierre. (with Olson, John F., Preuschoff, Corinna, Erberber, Ebru, Arora, A., & Galia, J.). (2008) *TIMSS 2007 International Mathematics Report: Findings from IEA's Trends in International Mathematics and Science Study at the Fourth and Eighth Grades*. Chestnut Hill, MA: TIMSS & PIRLS International Study Center, Boston Col-

lege.
Mullis, Ina V. S., Martin, Michael O., Gonzalez, Eugenio J., & Chrostowski, Steven J. (2004) *TIMSS 2003 International Report: Findings From IEA's Trends in International Mathematics and Science Study at the Fourth and Eighth Grades*, Chestnut Hill, MA: TIMSS & PIRLS International Study Center, Boston College.
National Center for Educational Research and Development (NCERD) (2001) *Education Development National Report of Arab Republic of Egypt from 1990 to 2000*, NCERD.
National Center for Educational Research and Development (NCERD) (2008) *Development of Education in Egypt 2004-2008*, NCERD.
OECD AHELO website, http://www.oecd.org/document/22/0,3746, en_2649_35961291_40624662_1_1_1_1,00.html
OECD & World Bank (2010) *Reviews of National Policies for Education Higher Education in Egypt*, OECD & World Bank.
Said, Mohsen Elmahdy (2001) *Higher Education in Egypt*, MOHE PIU.
Sayed, Fatma, H. (2005) Security, Donors' Interests, and Education Policy Making in Egypt, *Mediterranean Quarterly*, Vol.16 No.2, pp.66-84.
Shahine, Alaa (2001) Ticket to A Place. *Al Ahram Weekly Online*. Retrieved from http://weekly.ahram.org.eg
State Information Service (SIS) (2006) *Year Book 2005*, Cairo: SIS.
UIS database, http://www.uis.unesco.org/Pages/default.aspx
UNESCO (2006) *Decentralization of Education in Egypt*, Paris: UNESCO.
UNESCO IBE (2006) *World Data on Education, 6th ed.*, Geneva: UNESCO IBE.
World Bank (2002a) *Arab Republic of Egypt Education Sector Review: Progress and Priorities for the Future Volume I: Main Report*, Washington DC: World Bank.
World Bank (2002b) *Egypt-Higher Education Enhancement Project-Project Appraisal Report*, Washington DC: World Bank.
World Bank (2005) *Making Egyptian Education Spending More Effective: Egypt Public Expenditure Review*, Washington DC: World Bank.
World Bank (2007) *Education Enhancement Program Implementation Completion and Results Report*, Washington DC: World Bank.

World Bank (2011) *Egypt, Arab Republic of-Secondary Education Enhancement Project: P050484-Implementation Status Results Report: Sequence 26*, Washington DC: World Bank.

第8章 現代中国大学の質保証制度
—— 「普通高等教育学校本科教育レベル評価」を中心に ——

邵　婧怡

1. はじめに

1978年から中国は改革開放政策を導入し，社会主義計画経済から社会主義市場経済に移行した。この経済体制改革の影響で，高等教育の分野では，管理体制改革，財政体制改革，高等教育大衆化など，さまざまな改革がすすめられた。中国の高等教育学校[1]進学率は，2002年には15%，2004年には19%であった。2009年の進学率は24.2%であり，在学者数は約2826万人であった。高等教育学校の自主権と規模が拡大するにつれ，質保証は中国の高等教育の発展にとって，大きな課題になってきた。本章では，改革開放期からの中国高等教育の改革を整理し，さらに大学質保証の重点として国から認められている「普通高等教育学校本科教育レベル評価」を検討し，中国の大学質保証制度の今後の課題を明らかにする。

中国の高等教育学校は中華人民共和国教育部の統計により，普通高等教育学校，成人高等教育学校，民弁高等教育機構に分類することができる。普通高等教育学校のうち，一般教養と職業教育を中心

表 8-1　2009年高等教育機関数

	計	政府部門			民弁部門
			中央政府部門	地方政府部門	
普通高等教育学校	1090	本科大学	106	614	370
	1215	専科学院	5	924	286
成人高等教育学校	384		14	368	2
民弁高等教育機関	812				812

(出所）中華人民共和国教育部ホームページより，筆者作成

とする四年制本科大学と職業教育を中心とする三年制専科学院とがある。さらに資金調達ルートと管理体制とにより，政府部門所属と民弁部門所属に分けられる（表8-1)。本章の研究対象となる大学とは政府部門に所属している四年制本科大学であり，高等教育機関または高等教育学校という概念についてはとくに言及しない限り，普通高等教育学校のことを指すことになる。

2．改革開放以降中国の高等教育改革

2.1　高等教育管理体制改革

1950年，中国政務院は『高等教育学校管理関係に関する決定』（原語：『政務院関于高等学校領導関係的決定』）を発表した。決定によると，全国の高等教育学校は中央人民政府教育部により「統一指導」することになっていた。「統一指導」の内容は高等教育の方針，政策，教育内容，学校の専攻設置，学長の任免，資金の使用などであった。またこの管理制度は社会主義計画経済と適応するものとして認められていた。

地方政府も積極的に高等教育に参加するため，1961年9月には『中華人民共和国教育部，中央所属高等教育学校の管理に関する暫定条例』（原語：中華人民共和国教育部直属高等学校暫行工作条例）が発表された。この条例により，高等教育管理体制は過去の統一指導から統一指導かつ中央と地方（省レベルの政府）の分離管理に移行し始めた。政府の高等教育機関に対する過剰な関与を改善し，国家統一的な教育方針と計画の下に，高等教育の自主権を拡大するため，1985年には『中共中央教育体制改革に関する決定』が公布された。決定の主な内容は以下の通りである。

(1) 高等教育の募集制度と卒業生配属制度を改革する：単一的な国家計画募集の代わりに，国家計画募集，企業委託募集と少数の私費募集を行う。卒業生全員に職を配属する制度の代わりに，私費募集学生のみ学校推薦就職と自由就職との二つの就職方法を選択できるように改革した。

(2) 高等教育機関の自主権を拡大すること：学校は教科書の編成と選択，副学長の任免，資金の利用方法などの面で自主権を拡大すること。

(3) 中央政府，省政府，重点都市政府が学校を経営すること。

(4) 教育管理部門は教育界，有識者，雇用部門を組み合わせて，定期的に高等教育学校を評価すること。

1992年から中国は社会主義計画経済から社会主義市場経済に移行した。経済体制，政治体制，科学体制改革の深化とともに，教育体制も改革し始めた。

1998年国務院機関改革方案（原語：国務院機構改革方案）が発表された。この行政改革とともに，かつて国レベルの行政部門に所属

していた高等教育学校も地方政府に移管した。

　たとえば，元機械工業部，石炭工業部，冶金工業部，化学工業部，国内貿易部，中国軽工業総会，中国紡織総会，国家建築材料工業部，中国非鉄金属鉱業総公司の9部門が国家経済貿易委員会に所属し，国家レベルの局にかわった。国務院の公布した『部門所管学校の管理体制に関する決定』（原語：関于調整撤併部門所属学校管理体制的決定）により，この9部門に所属していた211校（うち普通高等教育学校93校，成人高等教育学校72校，中等専業学校と技術学校46校）は共建[2]，合併により，93校の普通高等教育学校が中央政府と地方政府共建，地方政府の管理を中心にするという体制に変わった（王英傑・劉宝存　2008）。

　1999年12月，国務院は『国務院部門所属学校管理体制と構造の更なる調整に関する決定』（原語『関于進一歩調整国務院部門（単位）所属学校管理体制和布局結構的決定』）を公布した。決定は教育部，外交部，国防科学技術工業委員会，公安部，国家安全部，税関総署，民用航空総局，体育総局，華僑事務室，中国科学院，地震局以外の国務院部門の学校への直接管理を中止にすると定めた。したがって，これらの部門以外の部門に所属していた普通高等教育学校はすべて地方に移管することになった。

　1992年から1999年にかけて，全国の普通高等教育学校208校は中央部門管理から地方政府管理に移管された。

2.2　高等教育の財政体制改革

　1949年から1979年まで，地方政府が地方のニーズに合わせて，所管大学の予算と発展計画を作成し，地方政府から中央政府に報告

した後に，中央政府が計画調整と資金配分をするという財政体制であった。この財政体制は，地方政府の学校管理権を弱め，地方の高等教育機関の発展の妨害となった。

　1980年中国は財政体制を改革した。中央政府が国家全資金を管理する制度から中央と地方を分離して資金を管理する制度に変わった。この国家財政制度改革の影響で，高等教育分野においては，中央政府に所属している大学は中央政府から資金を受給し，地方政府に所属している大学は地方政府から資金を受給することになった。また1986年から総合定額[3]に加えて項目ごと補助[4]という資金配分方法に変わった。総合定額は財政部門あるいは学校管理部門が作った学生ごとの教育経費の基準金額である。この総合定額はレベル別，また専攻別に作られている。項目ごとの補助は学校の特別事情による資金補助である（王英傑・劉宝存　2008）。

　1993年には『中国教育改革と発展綱要』が発表された。綱要では"徐々に高等教育を有料化し，授業料を徴収する"と定められた。また高等教育学校の職場配属制度を改革し，自由就職制度を導入した。さらに過去の国家統一的な資金配分から，多様な資金調達ルートによる学校を経営するという財政制度を導入することになった。

　この財政体制改革により，地方政府と社会は積極的に学校を管理経営することになった。しかし，この財政体制には２つの問題点が残っている。

　第一に，中央統一資金配分から地方と社会による資金調達に変わることにより，地域間の高等教育格差問題は改善されなかったという点である。中国建国当時，高等教育機関は沿岸部に偏って分布していたが，その後一部の調整により，内陸にも高等教育機関がある

ようになった。しかし，新しい財政制度の導入は沿岸部と内陸の大学分布のバランスを調整する効果がなかった。応（2008）によると，中国高等教育学校の分布は東部，中部，西部3つに分けて考えるこ

表8-2 1980年～2005年地域ごと高等教育学校数，在学者数，人口数が全国に占める割合

(単位：%)

	高等教育学校数の割合			在学者数の割合			人口数の割合		
	東部	中部	西部	東部	中部	西部	東部	中部	西部
1980	45.33	28.30	26.37	47.68	31.05	21.70	36.74	33.74	25.82
1985	46.26	30.51	23.23	47.19	30.52	22.71	36.99	33.48	25.63
1990	45.77	30.60	23.63	47.68	30.15	22.15	37.30	33.72	25.83
1995	44.40	30.93	24.67	48.08	30.46	21.46	37.20	33.61	28.48
2000	44.86	31.22	23.92	47.10	31.54	21.36	38.81	32.84	28.07
2005	44.08	32.03	23.88	45.40	33.36	21.25	38.70	33.92	27.51

(出所) 応望江編著（2008）『中国高等教育改革と発展30年』

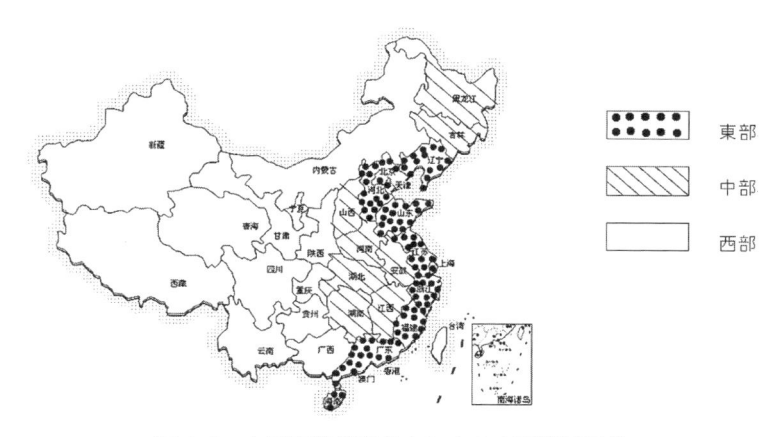

図8-1 中国高等教育分布による中国地域区分

(出所) 応望江編著（2008）『中国高等教育改革と発展30年』分類より，筆者作成

とができる（表8-2および図8-1）。

表8-2からわかるように，1980年以降，中部の高等教育学校が全国高等教育学校に占める割合が増えたが，西部では減少した。実際の数字から見ると1980年から2005年の間に，西部の機関数は178校から428校になり，中部は191校から574校になった。中部の増加率は西部より大きい。地域間の高等教育格差は依然として大きい。地方の力だけで，この格差を埋めることは難しい。2010年7月29日に発表された『国家中長期教育と発展計画綱要』では「中西部高等教育計画」という概念が提案された。綱要には中西部の高等教育機関の募集を拡大すること，東部の普通高等教育学校の中西部学生募集を拡大すること，"地方高等教育補助金"（原語：中央財政支持地方高校発展専項資金）を設けることを言及している。この"地方高等教育補助金"は地方大学の教育能力と研究能力を高めるために設ける補助金であるため，地域間格差を埋めることができるかが課題になっている。

第二に，資金配分方法としての総合定額については，専攻別の学生一人当たりの教育経費を計算し，学生数を基準にして教育資金を配分することになる点である。より多くの経費を受給するため，学校側は学校の事情と適応できなくても，専科大学から本科大学にレベルアップするか，学生募集定員を拡大するかの方法で，資金を獲得しようとしていた。その結果，社会や教育関係者によって，大学の質が問題視されてきた。

2.3 高等教育の拡大

1998年に発表された『中華人民共和国高等教育法』は高等教育

表8-3　2020年まで高等教育の計画

高等教育	単位	2009年	2015年	2020年
在学規模	万人	2979	3350	3550
在学者数	万人	2826	3080	3300
その内大学院生	万人	140	170	200
粗入学率	%	24.2	36.0	40.0

(出所)『国家中長期教育改革及び発展計画綱要』より，筆者作成

学校の自主権を拡大し，各高等教育学校の設立が認可された日に法人の格を取得できると定めた。第32条には「高等教育機関は，社会の需要，運営状況，および国が審査・決定した運営規模に基づいて，学生募集案を策定し，系（日本の学部と相当するもの）・科（日本の専攻と相当するもの）の募集比率を主体的に調整する」と定めた（長谷川・南部・吉村 1998）。これにより学校の自主権は法律的に保障された。さらに各大学の拡大も促進された。

1998年12月に公表された『21世紀に向ける教育振興行動計画』では，2010年まで高等教育の規模を拡大し，入学率を15%にするという目標が立てられた。中国の高等教育機関進学率は，2002年には15%，2006年には21%であった。高等教育は大衆化段階に入った。

さらに2010年7月29日に発表された『国家中長期教育改革及び発展計画綱要』では，教育の質保証を強調する上，高等教育機関のさらなる拡大を計画した。「2020年まで高等教育大衆化のレベルを高め，粗入学率を40%にする」という計画を立てた（表8-3）。

2.4　高等教育拡大後の問題点

図8-2は高等教育大衆化による学生と教員の比率の変化を表した

図8-2　高等教育大衆化による学生と教員の比率の変化

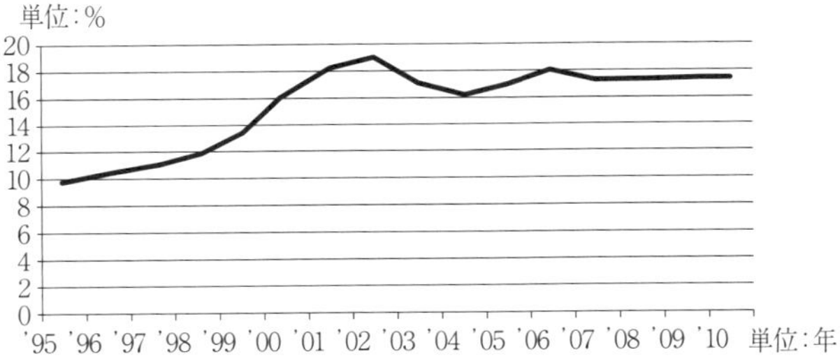

単位：%

年度	1995	1996	1997	1998	1999	2000	2001	2002	2003	2004	2005	2006	2007	2008	2009	2010
生師比率	9.83	10.36	10.87	11.62	13.37	16.30	18.22	19.00	17.00	16.22	16.85	17.93	17.28	17.23	17.27	17.33

(出所) 中華人民共和国教育部ホームページより，筆者作成

ものである。図8-2からわかるように，高等教育の規模は短時間かつ急速に拡大した。この急激な学生数の増加に，施設や人的資源の投入はすぐには追いつけなかった。施設の面においては，図書資料，実験設備，校舎，寮などの増加率が学生の増加率と適応できなかった。人的な面では，教員不足の問題が深刻になってきた。

表8-4は普通高等教育学校専攻別学生数の変化を表したものである。この表を見ると，高等教育の急速な拡大により，大学の専攻構造も変わってきたことがわかる。この大拡張期の大学専攻構造の変化には2つの特徴があると考えられる。1つ目は文系専攻に集中して拡大したことである。決められた教育経費をより多くの学生に利用するため，また理系専攻の拡大は文系専攻の拡大より費用がかかるため，大学の文系専攻は理系専攻より大きく拡大した。2つ目は人気のある専攻を設置したことである。改革開放や，グローバル化

表8-4　普通高等教育学校専攻別学生数

	総計	哲学	経済学	法学	教育学	文学	歴史学	理学	工学	農学	医学	管理学
1997年	3174362	4916	483446	118418	128848	412019	48779	332178	1262734	111887	271137	
2002年	9033631	6637	466433	474846	470293	1368278	55565	852238	3084999	216040	656560	
2006年	17388441	6846	921365	710173	1029612	2642439	52514	1047936	6143918	331606	1268587	3233445
増加率	5.48	1.3	1.91	6.00	7.99	6.37	1.08	3.15	4.87	2.96	4.68	

（注）文学には，外国語と芸術が含まれている。
（出所）中華人民共和国教育部ホームページより，筆者作成

などにより，外国語，国際貿易などの専攻は人気を集めた。またコンピューター応用のような新興専攻は社会のニーズに応じて人気を集めた。これらの専攻はほとんどの大学に設置された。

3．普通高等教育学校本科教育レベル評価

　中国の高等教育質保証は大学評価を中心に行われている。『高等教育法』第44条では「高等教育機関の運営水準，教育の質は，教育行政部門の監督とその組織による評価を受ける」と定められた（長谷川・南部・吉村 1998）。中国では政府の大学教育評価をはじめ，大学の自己評価，第三者評価など，さまざまな実践がすすめられたが，明確な質保証の定義はなかった。2003年10月パリで開かれたユネスコによる教育の質に関する会議において，当時の周済教育部部長が中国における教育の質への理解について，次のように述べている。中国における質の概念というものは学習者の総合的素質に関わっており，総合的素質には思想道徳，人文素質，科学素質と体の素質[5]などが含まれている。また質というものはあくまでも相対的概念であり，国により，教育の質の定義や問題の内容は非常に異

なっている（黄 2005）。

3.1　質保証制度の実践

1990年国家教育委員会は『普通高等学校教育評価暫定規定』を公表した。この規定は高等教育評価に関する初の法規であり，評価の目的，基本方法，評価分類などが定められた。

1993年，国家教育委員会高等教育司は北京にある6つの工業大学（清華大学，北京航空航天大学[6]，北京理工大学，北京科学大学，北京化工大学，北京交通大学）と北京高等教育局が協力し，"普通高等工業学校本科教育評価課題組"を作った。その後"綜合大学評価組"，"医薬衛生大学評価組"，"師範大学評価組"などが作られて，業界ごとに大学評価法案を作った。

(1) 合格評価

1993年から，国家教育委員会は課題組別に大学の合格評価方案を発表し，評価を行った。この合格評価は高等農林学校，高等財経学校，高等法政学校，高等外国語学校，綜合大学，高等医薬学校，高等師範学校，高等工業学校など8つの分野に分けられ，評価された。評価対象となった大学は1976年以降新設された大学および専科学院から本科大学にレベルアップした大学の中から指定された。この評価の目的は国に規定された学校の運営力，質基準に合格したかどうかを判断し，学校経営理念や，施設，教育水準をより高めることであった。

合格評価の手順は大学の自己評価，専門家の現地調査，調査報告書の作成と大学への助言に構成され，評価の結果は合格，暫定合格，

不合格となる。

1995年から2001年まで178校がこの評価をうけた。178校のうちの80％が合格の評価結果を受けた。

(2) 優秀評価

1998年国家教育委員会は「総合大学，高等工業学校，高等農林学校，高等医薬学校四種類の本科教育に対する評価方案」を発表した。この優秀評価の対象校はいずれも長い歴史をもつ施設のいい重点大学であり，評価の目的はこれらの大学の運営方針を明確し，大学改革により特色を打ち出すことであった。

優秀評価の手順は大学による申請，大学による自己評価，専門家の現地調査，調査報告書の作成と大学への助言である。2001年まで，評価を申請した大学は80校であり，そのうちの16校が優秀評価の対象となった。その結果，優秀評価の審査を受けた16校の評価結果はすべて優秀であった。

(3) ランダム評価

大学の内部質保証制度を促進するため，国，社会のニーズに応ずるため，そしてこの後の普通高等教育学校本科教育レベル評価に関する経験を積み重ねるため，2000年教育部は『普通高等学校本科教育ランダム評価方案』を発表した。

2001年5月から10月の間に，指定された各大学は教育部の指示に従い，自己評価を行った。2001年11月から12月の間に，教育部の専門家は各大学で現地調査を行った。現地調査をした後専門家は評価結果を出し，大学に助言をした。ランダム評価を受けた大学は

25省から選ばれた各種類の大学25校であった。評価結果は8校が優秀，16校が良好，1校が合格の評価を受けた。

　合格評価と優秀評価は専攻別の大学評価であり，ランダム評価は一斉評価である。また合格評価と優秀評価に選ばれた大学は評価通知書が届いてから現地調査を受けるまで3年間の準備期間があることに対して，ランダム評価の準備期間は半年しかなかった。したがって教育部は比較的に客観的に学校の現状を把握することができた。

3.2　普通高等教育学校本科教育レベル評価

　2002年には教育部はすべての普通高等教育学校を対象に「普通高等教育学校本科教育レベル評価」（原語：普通高等学校本科教学工作水平評估）を実施すると発表した。評価の結果は「優良」，「良好」，「合格」，「不合格」と4つに分けられた。2003年教育部は『2003－2007年教育振興行動計画』を発表し，5年ごとに本科教育学校を対象に，教育水準に対して評価を行うことを定めた。

　2004年8月教育部高等教育教学評価センターが設立された。この評価センターは教育部の一部門であり，高等教育機関の本科と専科教育に対して評価を行う。また大学院教育に対する評価は国務院学位委員会事務室と教育部学位と研究教育発展センターで行う。

　2004年8月教育部高等教育司は『普通高等教育学校本科教育レベル評価方案』を発表した。評価方案は表8-5のように定められた。

　2003年から毎年，教育部ホームページには評価の結果が公表された。2008年10月30日には「高校（高等教育学校）教学評価状況」が公表された。2003年から2008年にかけて，589校の普通高等学校が評価を受けた。その内優秀と認められた学校は433校，良好

表 8-5　普通高等教育学校本科教育レベル評価方案

一級指標	二級指標		評価ポイント
1. 学校運営理念，指導思想	1.1	学校の位置付け	学校の位置付けと計画
	1.2	学校の運営理念	教育思想や理念
			本科教育の中心地位
2. 教員	2.1	教員の数と比率	学生と教員の比率
			教員全体の構成状態と今後の人事計画
			全教員のうち修士号と博士号を持つ教員の比率
	2.2	授業担当教員	授業担当教員の資格（講師以上の職務および修士以上の学位を持っている教員の割合）
			教授・副教授が授業担当の割合
			教育の質
3. 教育条件とその活用	3.1	教育基本施設	校舎状況
			実験室，実習施設の状況
			図書館の状況
			校内インターネットの利用状況
			運動場および体育館などの施設
	3.2	教育経費	教育経費の内学費収入の割合
			学生ごとに教育経費利用の増加
4. 専攻とカリキュラム改革	4.1	専攻	専攻の構成
			学生養成計画や方案，実践能力の育成
	4.2	カリキュラム	教育内容とカリキュラムの改革
			教科書の選択と授業に相応しい教科書の編集
			教育方法の改革
			二言語授業の実施
	4.3	実践教育	実習の時間と効果保証
			実践の内容と科学研究
			総合的実験，設計的実験は実験科目の内割合
			実験室の開放
5. 教育管理	5.1	管理部門	管理部門の構成と素質
			教育管理と改革の研究と実践結果
	5.2	質コントロール	学校教育制度の設定と執行
			各重要専攻の質標準の設定と執行
			教育の質保証
6. 学校の勉強する雰囲気	6.1	教員の道徳修養	
	6.2	勉強の雰囲気	学生は学校の規定を守っている
			学生は積極的に勉強している
			授業以外の科学技術や文化などの活動を行う状況
7. 教育効果	7.1	基本理論と基本技能	学生の基本理論と基本技術の習得状況
			学生の実践能力と革新能力
	7.2	卒業論文と卒業設計	タイトル設定の難しさなど
			完成した論文や設計の質
	7.3	学生の道徳修養，文化・心理素質	
	7.4	体育	
	7.5	社会評価	
	7.6	就職率	

（出所）中華人民共和国教育部ホームページより，筆者作成

は135校,合格は21校だった。

　この「普通高等教育学校本科教育レベル評価」によって,不合格と認定された大学は学校運営を停止することになるため,各大学は本科教育を重視するようになってきた。また各省政府は「普通高等教育学校本科教育レベル評価」のきっかけに,所属している大学に対する投資を高め,本科教育の教員や施設などの側面での改善が見られた。

　それでは教育部高等教育教学評価センターの組織構造についてみてみよう（表8-6）。表8-6は教育部高等教育教学評価センターの組織構造に関するものである。教育部高等教育教学評価センターは,高等教育の中央政府評価機関であり,すべての高等教育機関に対して評価政策や方式,評価の結果などを作成する機関である。表8-6

表8-6　教育部高等教育教学評価センターの組織構造

教育部高等教育教学評価センター	主任 1人	部門名（合計27人）	役割
		事務室	センター内部業務の調達など
		大学評価課	普通高等教育学校,成人高等教育学校,中央テレビ大学,国際協力教育機関などの大学評価
	副主任 2人	専攻評価課	高等教育学校専攻評価,専攻認定
		育成訓練課	大学評価,専攻評価および各種の教育評価の育成訓練,および評価専門家の養成訓練
		総合課	高等教育評価の法令,理論,方法などの研究および国際交流など
		情報課	高等教育学校のデータ収集,分析と公布,教育基本データベースの管理など

（出所）教育部高等教育教学評価センターホームページをもとに,筆者作成

からわかるように，教育部高等教育教学評価センターには30名の職員しかいない。そのため，本科教育を行う大学と専科教育を行う専科学院合計1,908校，学生数2,450万人に対して，この職員数はきわめて不十分と考えられる。また省（自治区・直轄市）政府教育部門の評価者は評価実施に関する研修を短時間しか受けていないため，評価する側の専門性や個人能力により，評価の公正性や適切性を保証できるかどうかという疑問が残っている。さらに「全国高等教育学校教学評価専門家」のメンバーの選抜については，中央教育部が各省（自治区・直轄市）教育部門にメンバーの専攻と定員を定め，この指示を受けた地方教育部門が所属している大学から教職員を選抜する。したがって，地方大学から選抜された「評価専門家」のほとんどは各大学の学長および副学長であった。これらの職務の者は教育管理部門と大学の間の利害関係に深く関わっているため，政府への公正な助言ができるのか疑問である。

　「普通高等教育学校本科教育レベル評価」の対象校は589校である。この589校には，世界一流大学を目指している「985プロジェクト」の北京大学，清華大学，復旦大学などや，本科教育を中心とする一般地方大学もある。すべての大学は「優秀」という評価結果を目指している。「普通高等教育学校本科教育レベル評価」の評価結果を見ると，589校のうち73.5％である433校が「優秀」の評価を受けた。国務院『「中国教育改革・発展綱要」に関する実施意見』では，異なる類型とレベルの大学は異なる目標と建設重点をもち，独自の特色を打ち出すべきであると明示された。しかし現在の「普通高等教育学校本科教育レベル評価方案」の内容はほとんど重点大学の現状をもとに策定されたものである。評価結果を見ると一級指標の学校

運営理念，指導思想については，すべての学校が「優秀」を獲得した。しかし評価結果がすべて優秀であっても，各大学の経営理念に特色が見られるわけではない。各大学の状況を見てみると，教育型大学は教育研究大学を目指し，教育研究大学は研究大学を目指し，単一科目大学は多科目大学を目指し，多科目大学は総合大学を目指すという傾向がある。この状態が続くと，中国の大学すべては総合的かつ研究型大学を目指すことになり，大学は画一化されていくことになりかねない。

3.3 普通高等教育学校本科教育合格評価

2011年10月13日，『教育部普通高等教育学校本科教育評価に関する意見』が発表された。『国家中長期教育改革及び発展計画綱要』の要求に応じて，本科大学評価（原語：院校評価）は合格評価と審査評価（原語：審核評価）に分類された。

『教育部普通高等教育学校本科教育評価に関する意見』をもとに，『教育部弁公庁普通高等教育学校本科教育合格評価に関する通知』が2011年12月23日に発表され，2012年1月10日に一般公表された。評価の対象は2000年以降本科大学評価未参加の新設本科大学であり，独立学院や民弁本科大学も合格評価の対象になっている。評価を受ける学校は3年以上卒業生を出している大学であり，また5年以上卒業生を出している大学は合格評価を受けることが義務付けられている。

合格評価の手順は大学の評価指標に基づく自己評価，専門家の現地調査，調査報告書の作成と大学への助言，教育部専門家委員会の報告書審査と評価結果の発表に構成され，評価の結果は「通過」，

「暫定通過」（原語：暫緩通過），「不通過」となる。

　合格評価を受けて「通過」した学校は5年後の普通高等教育学校審査評価を受けることになり，「暫定通過」と「不通過」の学校は2年か3年の改善期間を通じて学校を改善する。その後改めて合格評価を受けることになる。改善期間後にも合格評価に「不通過」の学校は法律により相応の処罰を与えることになる。

　この『教育部弁公庁普通高等教育学校本科教育合格評価に関する通知』では『普通高等教育学校本科教育合格評価指標体系』も発表された。これは，表8-5に示した『普通高等教育学校本科教育レベル評価方案』に関する課題報告の指摘を改善したものである。評価指標体系は表8-7のように定められた。

　表8-7を見ると，二級指標の「7.4校内，外の評価」において，学生の評価が新たな評価項目として加えられた。これは主に学生の授業評価を中心に評価する項目である。普通高等教育学校本科教育レベル評価には学生を評価の対象として取り扱っているため，これは合格評価で指摘された課題を改善していると考えられる。また中国の大学就職難問題は高等教育大衆化の進展とともに深刻化しつつある大きな社会問題である。就職率だけではなく，就職内容と専攻との関連付けや，卒業後のフォローアップも大きな課題になっている。表8-7を見ると，二級指標の「7.5就職」では就職の質も評価の項目になったため，これも合格評価における課題を改善して新たに加えられたと考えられる。なお，本科大学評価のうち審査評価については，まだ詳細が決定していないため，今後の考察が必要である。

　これらを踏まえて，本章の目的である大学の質保証制度の課題について考察する。

表 8-7　普通高等教育学校本科教育合格評価指標体系

一級指標	二級指標		評価ポイント
1. 学校経営理念とリーダーシップ	1.1	学校の位置づけ	学校の位置づけと計画
	1.2	リーダーシップ	管理者のリーダーシップ
			教育中心の理念
	1.3	人材育成モデル	人材育成の中心思想
			企業，教育，研究協力の経営理念
2. 教員	2.1	教員の数と構成	学生と教員の比率
			教員全体の構成状況
	2.2	教育のレベル	教員の道徳
			教育のレベル
	2.3	教員の育成訓練	教員の育成訓練
3. 教育の条件と利用	3.1	教育基本施設	実験室，実習場所の利用
			図書資料と校内インターネットの利用
			校舎，グラウンド，活動場所の利用
	3.2	教育経費	教育経費の投入
4. 専攻とカリキュラム	4.1	専攻	専攻の設置と構造の調整
			専攻内人材育成プラン
	4.2	カリキュラムと教育	教育内容と授業資源
			教育の方法の多様性と改革
	4.3	実践教育	実験教育
			実習
			社会実践
			卒業論文，卒業設計と総合訓練
5. 質管理	5.1	教育管理	学校管理部門の構成と素質
	5.2	質コントロール	学校の教育制度
			質保証
6. 学校の勉強雰囲気と学生指導	6.1	雰囲気	学業に励ませる政策
			勉強の雰囲気
			校内の文化活動
	6.2	学生指導とサービス	組織保障（指導教員と教務係の設置など）
			サービス（就職指導，心理指導など）
7. 教育の質	7.1	道徳	思想政治教育
			学生の思想道徳
	7.2	専攻知識と能力	専攻に関する基本知識と技術
			専攻能力
	7.3	体育，美術	体育と美術
	7.4	校内，外の評価	教員，学生の評価
			社会の評価
	7.5	就職	就職率
			就職の質

（出所）中華人民共和国教育部ホームページより，筆者作成

4．おわりに

　中国の高等教育質保証制度は比較的に政府の意志が強くあらわれたものとして存在している。『「普通高等教育学校本科教育レベル評価方案」の説明』では「本方案は各種の普通高等教育本科大学に適応する」と定め，また5年以上卒業生を出している大学が合格評価を受けることが義務付けられており，政府の強制性を表している。さらに季によると，「政府，学校，社会は高等教育質保証システム建設の重要な要素であり，高等教育質保証の責任をともに持っている。政府と社会（とくに政府）は高等教育質保証システムの外部組織であり，質保証システム建設において主導的な役割を果たす。社会も外部組織であり，その役割はサポート，モニター評価であり，高等教育質保証システムに対して，補充的な役割を果たしている」（季 2010）。国としては学術機関や社会団体などの第三者評価を推進する方針があるが，実際には政府評価の権威性によって，第三者評価の効果が削減されているといえる。

　また，高等教育質保証制度は，経済体制改革以降，政府だけではなく，学生，社会の視点も考慮されるべきであろう。大学から提供される教育や社会サービスについて，学生または社会の満足度も評価の重要なポイントになるべきである。「普通高等教育学校本科教育レベル評価方案」の内容から分析すると，学生の学習成果や就職率が評価の対象とされているだけで，高等教育学校の教育の質について学生から意見を聞き取る項目や地域との連携に関する項目が評価内容に含まれていなかった。しかし，これらの課題は新しく発表された合格評価では，改善されている。そのため，学生の視点や地

域との連携に関する項目は審査評価に加えられると期待できると考えられる。

注
1) 中国の「高等教育学校」あるいは「高校」という概念は「初等教育」,「中等教育」の次に接続する学校体系であり，日本の高等教育機関と同じ概念である。
2) 共建とは，学校の所属機関は中央政府であり，中央政府と地方政府両方からの資金により学校を経営することである。
3) 総合定額の内容は教職員費用，奨学金，行政費，教育費用，設備費用，修理費，その他の費用が含まれる。
4) 項目ごと補助は学校発展費用（新設専攻費用，重点プロジェクト費用と実験室費用），教員育成費用（博士，修士，客員研究員），退職員費用，その他の補助が含まれる。
5) 体の素質とは英語で言うと physical quality のことを意味する。つまり，体力のことを表しており，その内容はパワー，スピード，忍耐力，敏捷性，しなやかさのことを指している。
6) 航天とは宇宙飛行のことを指す。

参考文献
大塚豊（2002）「中国の大学の構造変化」民主教育協会誌編『IDE現代の高等教育　No.441　変貌する中国の高等教育』2002年8月号。
黄福濤（2005）「1990年代以降の中国高等教育の改革と課題」広島大学高等教育研究開発センター編『高等教育研究叢書』81。
南部広孝（2003）「中国における普通高等教育機関の収入状況に関する一考察」広島大学高等教育研究開発センター編『大学論集』第34集。
長谷川豊・南部広孝・吉村澄代（1998）「「中国人民共和国高等教育法」訳と解説」エイデル研究所編『季刊　教育法』118。
広島大学高等教育研究開発センター／日本高等教育学会編（2006）『日中高等教育新時代―第二回日中高等教育フォーラム／第33回（2005年度）研究員集会の記録―』広島大学高等教育研究開発センター。
王英傑・劉宝存編集（2008）『中国教育改革30年』北京師範大学出版社。
応望江編集（2008）『中国高等教育改革と発展30年』上海財経大学出版社。

『中国教育年鑑』1994年版～2008年版，人民教育出版社。
季平（2010）『加快推進中国高等教育質量保障体系建設』http://www.xzmy.edu.cn/jwc/getcontent?id=2710&url=show（2012年2月19日確認）。
『21世紀に向ける教育振興行動計画』http://news.sina.com.cn/richtalk/news/china/9902/022523.html（2012年2月19日確認）。
『教育部弁公庁普通高等教育学校本科教育合格評価に関する通知』http://www.heec.edu.cn/modules/yuanxiaopinggu_d.jsp?id=945（2012年2月19日確認）。
『教育部普通高等教育学校本科教育評価に関する意見』http://www.heec.edu.cn/modules/wenjianhuibian_d.jsp?id=725（2012年2月19日確認）。
『国務院機構改革方案』http://www.gov.cn/2008lh/content_921411.htm（2012年2月19日確認）。
『国務院部門所属学校管理体制と構造の更なる調整に関する決定』http://www.hlje.net/e/action/ShowInfo.php?classid=408&id=15373（2012年2月19日確認）。
『国家中長期教育改革と発展計画綱要』http://www.gov.cn/jrzg/2010-07/29/content_1667143.htm（2012年2月19日確認）。
『中国教育改革と発展綱要』http://wenku.baidu.com/view/ab559e00b52acfc789ebc997.html（2012年2月19日確認）。
『中共中央教育体制改革に関する決定』http://www.gmw.cn/content/2010-07/15/content_1181184_3.htm（2012年2月19日確認）。
『普通高等学校教育評価暫定規定』http://wenku.baidu.com/view/07874f0a581b6bd97f19ea74.html（2012年2月19日確認）。
『普通高等教育学校教育レベル評価方案』http://wenku.baidu.com/view/7b52f1da6f1aff00bed51e44.html（2012年2月19日確認）。
『「普通高等教育学校本科教育レベル評価方案」の説明』http://wenku.baidu.com/view/024ba7e919e8b8f67c1cb9ca.html（2012年2月19日確認）。

【編著者紹介】

山内乾史（やまのうち　けんし）

1963年生まれ　現在，神戸大学大学教育推進機構／大学院国際協力研究科教授

【単著】『文芸エリートの研究―その社会的構成と高等教育―』有精堂，1995年
　　　　『現代大学教育論―学生・授業・実施組織―』東信堂，2004年
　　　　『「共通一次世代」は教育をどう語るのか』ミネルヴァ書房，2011年
【共著】『学力論争とはなんだったのか』ミネルヴァ書房，2005年（原清治と）
　　　　『「使い捨てられる若者たち」は格差社会の象徴か―低賃金で働き続ける若者たちの学力と構造―』ミネルヴァ書房，2009年（原清治と）
【単編著】『開発と教育協力の社会学』ミネルヴァ書房，2007年（2011年に『国際教育協力の社会学』と改題，改訂）
　　　　『教育から職業へのトランジション―若者の就労と進路職業選択の教育社会学―』東信堂，2004年
【共監修書】『戦後日本学力調査資料集（全Ⅲ期全25巻）』2011年～2013年（原清治と）
　　　　　　　　　　　　　　　　　　　　　　　　　他，共編著書，訳書多数。

学生の学力と高等教育の質保証　Ⅰ

2012年9月10日　第1版第1刷発行

編著者　山内乾史
発行所　株式会社　学文社
発行者　田中千津子

〒153-0064　東京都目黒区下目黒3-6-1
電話(03)3715-1501(代表)　振替00130-9-98842
http://www.gakubunsha.com

落丁，乱丁本は，本社にてお取り替えします。　　印刷／新灯印刷
定価は，売上カード，カバーに表示してあります。　〈検印省略〉

ISBN 978-4-7620-2307-1
© 2012　Yamanouchi Kenshi Printed in Japan